Giovana Xavier
@pretadotora

Você pode substituir Mulheres Negras como objeto de estudo por Mulheres Negras contando sua própria história

Copyright © 2019 Editora Malê Todos os direitos reservados.

ISBN 978-859273650-7

Capa: Maria Júlia Ferreira

Editoração: Agnaldo Ferreira

Editor: Vagner Amaro

Revisão: Léia Coelho

Texto revisado segundo o novo Acordo Ortográfico da Língua Portuguesa.

Proibida a reprodução, no todo, ou em parte, através de quaisquer meios.

Dados internacionais de catalogação na publicação (CIP) Vagner Amaro

CRB-7/5224

A474m   Xavier, Giovana

        Você pode substituir mulheres negras como objeto de estudo por mulheres negras contando sua própria história/ Giovana Xavier. – Rio de Janeiro: Malê, 2019.

        182 p.; 21 cm.

        ISBN 978-859273650-7

    1.   Ciências sociais II. Título

                                CDD – 300

Todos os direitos reservados à Malê Editora e Produtora Cultural Ltda.

www.editoramale.com.br

contato@editoramale.com.br

"Para a mulher negra escrever e publicar é revolucionário".
(Conceição Evaristo, 2014.)

A Xangô, homem dos búzios. A Oyá, dona do céu cor de rosa pelo meu caminho. Nele tem *Peri*, pequeno grande contador de novas histórias. Azoilda Loretto da Trindade, mestra ancestral que me ensinou: "a invisibilidade é a morte em vida". E todxs xs mulheres negras do Brasil, em nossas buscas pelo caminho de casa.

Obrigada. *Axé!*

Sumário

Apresentação 11

#permita-se 13

#eurobolo 25
Mulheres negras: cheirinho de sucesso 27
"Me desculpa Jay-Z, eu queria ser você" 31
A bunda tem sempre razão 35
Turistas de Wakanda: mulheres negras
de férias na Bahia 39
Fogo na Dor: o #8M e os temerários perigos
da história única 43

#nãosejogueprojetese 47
Carta aberta à Festa Literária Internacional de Paraty/
Cadê as Nossas Escritoras Negras na FLIP 2016? 49
Espelho, espelho meu: Raissa Santana e
uma coroa para chamar de nossa 53
Deu no *New York Times*: o Pequeno Príncipe é preto 59
Viver e morrer de amor no Topo da Montanha 63
A grafia-graveto de Conceição Evaristo e
o incêndio do Museu Nacional 67
Conceição Evaristo: abrindo novos parágrafos na
história do Brasil 73

#escrevivênciaacadêmica 77
Ciência, lugar de fala e mulheres negras na academia 79

Por que só 0,4% das professoras doutoras na pós-graduação do Brasil são negras? 85
Intelectual Negra sim. Por que não? 89
20 de Novembro: com Ciência Negra 93
Quem narra faz toda a diferença: ciência para
o negro na UFRJ 97
Cortes sem fronteiras? O absurdo da diminuição
das verbas de pesquisa no Brasil 101
Final feliz 105

#intelectuaisnegras 109
Divou na prancha: palavras do mar para
Marielle Franco 111
E, agora, o que tem de novo na palavra resistência? 115
Chegou a vez de ouvir, ou deixa eu te contar 121

#maternidadesemfiltro 127
É possível tirar férias da maternidade? 129
Feliz Natal para quem acredita que é
possível viver de amor 133
E quando a mamãe vira torcedora? 139
Você não tem mesmo com quem deixar seu filho? 143
Professoras da educação básica: presença sentida 149
O meu lugar: feliz dia das mães! 153

#crowdflorido 159
Tornei-me o que eu mais temia:
uma colunista negra que só fala de racismo 161
Com que fantasia eu vou? 167
Que tal falar do que não sei? 173
"Somos o efeito colateral que o seu sistema fez" 177

Apresentação

Conheci Giovana Xavier em situação delicadíssima. Fui nomeada curadora da Festa Literária Internacional de Paraty-FLIP para o ano de 2017, e uma das minhas primeiras preocupações era saber mais da historiadora que, enquanto acontecia a edição anterior, tinha iniciado um protesto ruidoso contra a ausência de escritores e escritoras negros. A sua "carta aberta" ganhara a grande imprensa e as redes sociais. "Arraiá da branquidade", ela nomeava, destemida, no jornal *O Globo*. Não havia o que fazer quanto ao passado; no entanto, um certo futuro podia ser imaginado a partir de um diálogo que desejei iniciar.

Quis procurar Giovana porque, por meio da reportagem, soube de um grupo de estudos intitulado "Intelectuais Negras" que ela havia fundado na UFRJ. De minha parte, havia uma curiosidade imensa de encontrar bibliografia sobre essa produção, à época ainda pouquíssimo conhecida.

As primeiras conversas não pareceram tão promissoras. De início, os *e-mails* foram curtos e espaçados, e ficou a expectativa de um encontro para breve que demorou a acontecer. Um pouco pela distância geográfica – eu estava em São Paulo, ela no Rio – um pouco pelo desconforto que presumíamos. Nada indicava que, dentro de dez meses, teríamos conversado tão assídua e abertamente sobre os assuntos mais difíceis relacionados à questão racial, à vida das mulheres no Brasil, ao mercado de trabalho, à universidade.

A leitura de seus textos reunidos neste volume me traz muito do que falamos, conforme se passavam aqueles dias de tanto crescimento para ambas. Giovana é uma autora que fala e escreve com veemente militância – aquela mesma que contribuiu para tanto debate sobre o que era a Flip até 2016. A sua reflexão baseia-se numa combinação de experiência de vida comovente aliada a uma formação acadêmica construída com louvor.

O seu modo de encarar os problemas é ao mesmo tempo seríssimo e despojado, e ao expô-los não abdica de uma franqueza desconcertante, somada a um humor cada vez mais aberto. Raro de encontrar quando se trava uma guerra que é ao mesmo tempo particular e coletiva. A "preta dotora", com indisfarçada ironia, tira sarro de nosso mau jeito, de nossos preconceitos, de nosso pouco costume de lidar com o confronto. Em meio a anedotas, *hashtags*, trocadilhos, episódios familiares e lembranças de infância, também nos faz encontrar seu mundo de afeto e memória. É a vez de a mãe, a professora-orientadora, a amiga, a surfista, a dançarina aparecerem, as múltiplas faces de uma mulher brasileira, nascida no Rio e habitando o século 21.

A seleção dos textos para este volume foi feita a partir de um manancial vasto distribuído pela internet, em *blog* ou coluna fixa, o que nos revela um exercício contínuo de registro e reflexão. Essa escrita laboriosa Giovana realizava havia anos, e só agora nos damos conta, à medida que se apresenta em livro, de modo coordenado. A sua dedicação em dar testemunho dos acontecimentos recentes do país – a queda de Dilma, o governo Temer, a morte de Marielle, a chegada de Bolsonaro ao poder, no mesmo intervalo de tempo em que as mulheres negras vêm conquistando mais visibilidade e, eis que finalmente, posições de poder e vendas – nos permite conhecer um ponto de vista que poucas vezes podemos escutar ou ler na imprensa mais convencional. Com esse seu título de estreia nas lojas – e outros certamente chegarão –, aumentam as chances de outros leitores a encontrarem, para estabelecer o mesmo diálogo, bastante feliz e revolucionário, que iniciei com ela dois anos e meio atrás.

Josélia Aguiar[1]

---

[1] Josélia Aguiar é jornalista, autora do livro *Jorge Amado: uma biografia* (Todavia - 2017). Foi curadora da Flip - Festa Literária de Paraty em 2017 e 2018.

#permita-se

Enquanto olho fixamente para a folha em branco, pergunto-me: considerando que este livro reúne colunas já publicadas, ou seja, textos prontos, por que é tão difícil escrever a sua apresentação? Sem resposta exata, palavras-chaves pipocam na minha mente. Auto-boicote, síndrome da impostora, efeito colateral. Cenas de um raro mundo privado ativam a memória dos últimos doze meses, tempo exato em que a historiadora encarna a versão colunista. Em vez do silêncio, da poeira e das traças dos arquivos, pautas surgem através de conversas despretensiosas em bares, salas de aula, rodas de samba, balcões e provadores de lojas. Da simples observação de pessoas vivendo suas vidas. Do engajamento em causas que a colunista, através dos seus provocativos pontos de vista, adjetiva como "nobres". Adestrada à lógica dos prazos acadêmicos, a duras penas, a professora universitária aprende diariamente a diferenciar o tempo da redação de um jornal do tempo da academia. Esse aprendizado é implacável; muitas vezes, doloroso. Não dá para dizer: "Querida espectadora, excepcionalmente hoje, a novela que te faz companhia todas as noites não será exibida." Do mesmo modo, não tem como escrever com letras estilosas no jornal: "Queridxs leitorxs, hoje minha coluna não será publicada porque precisei dar atenção integral ao meu filho, tive também de preparar aulas e viajar para participar de uma banca de doutorado." Já que quem está na chuva se molha, a cientista das humanidades, criou um código de liberdade que faz sentido para si e seu público. Desenvolveu um estilo de escrita que nomeia #escrevivênciaacadêmica. Assim, inspirada pelo conceito poderoso de Conceição Evaristo, Giovana Xavier produz colunas quinzenais.

Destoando da premissa do sujeito colunista "neutro", a professora apropria-se de fatos vividos na primeira pessoa. Através deles, ela dedica-se a analisar a história passada e presente de desigualdades nas quais se estruturam o Brasil. Embora os grilhões mentais de alguns leitores gerem comentários sobre as "besteiras que escreve", preocupações com a "decadência da qualidade do jornal" ou incertezas sobre "se está realmente falando a verdade", a doutora segue um percurso que lhe custa caro: posicionar mulheres negras como protagonistas e intérpretes do Brasil. Quem melhor do que Nós? – pensa ela, ao observar quem são as maiores contribuintes de impostos, a maioria nas salas de aula de escolas públicas, na liderança de famílias e em outros tantos espaços silenciados por intérpretes "sérios". Super homens, com cor, gênero, sexualidade que se repetem.

Em meio aos intervalos de tantas escrevivências acadêmicas, surgiu a ideia de publicar este livro. Ideia esta alimentada por uma conversa com seu amigo e editor Vagner Amaro sobre a importância de registrar o pensamento de pessoas negras. A admiração pelo trabalho do bibliotecário e jornalista, que ocupa com propriedade o mercado editorial, alimentou o sonho de ter sua primeira obra autoral vinculada à Editora Malê. Tal sonho provém de tudo que o selo representa em termos de democratização do mercado editorial brasileiro.

Aqui, Giovana lembra de cenas icônicas como o lançamento do livro *O que é lugar de fala?* de Djamila Ribeiro, que, organizado pelo Grupo Intelectuais Negras UFRJ em parceria com o *blog* Justificando, reuniu mais de 1.500 pessoas em uma rua apertada da Lapa. Rememora o sucesso da obra *Intelectuais Negras Visíveis* que assina como organizadora. Revive a fala de Conceição Evaristo, no Centro Cultural da Justiça Federal, no lançamento da obra *Histórias de leves enganos e parecenças*[2]. A autora prêmio Jabuti, frisou: "Durante muito tempo o movimento feminista acreditou que escrever era revolucionário. Para mulheres negras escrever e publicar é o revolucionário." Como historiadora, esta frase virou um mantra que ameniza as dores e feridas da invisibilidade. Como escritora, leitora e pesquisadora, considera que o verso de Esmeralda Ribeiro: "ser invisível quando não se quer ser", resume bem o drama de um país em que em média 6% de autores negros chegam às estantes de livrarias.[3]

O livro chega em momento oportuno para reflexões sobre a história da democracia no tempo presente. Entre 2003 e 2015, nosso país foi palco de um processo de ampliação de direitos nas áreas de educação, saúde, moradia. Destacam-se nesse processo, conquistas, através de lutas seculares de povos negros, indígenas, quilombolas, movimentos LGBTQI. Entre elas, a criação e o trabalho das secretarias de Juventude e Direitos Humanos, das Mulheres, de Políticas Públicas para a Igualdade Racial e da Educação Continuada, Alfabetização, Diversidade e Inclusão. Donos de *status* ministerial, esses organismos governamentais asseguraram por duas décadas concursos, editais, programas sociais e políticas públicas que visibilizaram problemas estruturais relacionados ao racismo, ao machismo, à concentração de renda apresentando soluções para erradicá-los.

Em 2016, ano da consolidação do golpe que depôs a Presidenta Dilma Rousseff, democraticamente eleita com 53 milhões de votos, inicia-se uma era de retrocessos, simbolizada por fusões, desmontes ou reconfigurações desses organismos.

---

2 *Histórias de leves enganos e parecenças*, de Conceição Evaristo, inaugurou o catálogo de publicações da Editora Malê. Foi lançado em 21 de junho de 2016.
3 Regina Delcastagné. *Literatura Brasileira contemporânea: um território contestado*. São Paulo: Horizonte, 2012.

Por tudo isso, *Você pode substituir Mulheres Negras como objeto de estudo por Mulheres Negras contando sua própria história* confirma a importância da escrita de novas histórias por sujeitos silenciados no espaço público de debates.

Entre os mais de trinta textos cuidadosamente selecionados para o livro, encontram-se artigos e colunas que, intersectando os papéis de mãe, ativista, historiadora, surfista, professora universitária, candomblecista, escrevi entre 2015 e 2019 no *blog Conversa de Historiadoras*, no medium @pretadotora e, de março de 2018 a março de 2019, em minha coluna do *Nexo Jornal*. A observação do material em conjunto, no qual se destacam pautas relacionadas a trabalho acadêmico, maternidade, autocuidado, *surf*, literatura, representatividade, ciência e igualdade de gênero revela uma importante aposta. O uso da "narrativa na primeira pessoa" como ferramenta para visibilizar o conceito "ciência de mulheres negras" e seus significados.

Justamente por vivermos um tempo presente marcado pela emergência de concepções políticas e práticas de extrema direita, vale ressaltar que essa ciência migrou da margem para o centro devido às transformações democráticas mencionadas acima. Insere-se, nessa migração, a eclosão, com toda força, das redes sociais como espaço público de debates. Esse *boom* desperta a percepção de que, diferentemente do que aprendemos, a história está mais para encruzilhada do que linha reta.

Com essa compreensão, após muitos cafés com o editor, prevaleceu a decisão de agruparmos os textos em capítulos. Organizados por eixos temáticos, tais capítulos são nomeados por conceitos de minha autoria, na forma de *hashtags*. Expressões que brotam de interações variadas com seguidoras, estudantes, leitorxs das colunas e pelas afetações produzidas em aulas, palestras, conferências, entrevistas. Em um país que trata o acesso à cultura acadêmica como privilégio, o uso desta ferramenta de comunicação direta insere-se em um processo de escrita criativa que objetiva qualificar pontos de vista de mulheres negras como saberes.

Movendo-se além do discurso da neutralidade científica, #eurobolo, #escrevivênciaacadêmica, #nãosejogueprojetese, #intelectuaisnegras, #maternidadesemfiltro, #crowdflorido situam-se no movimento de evidenciar a aproximação entre quem somos e aquilo que produzimos. As respostas a essa forma inovadora de comunicar os conhecimentos acadêmicos transitam da aceitação e reconhecimento à rejeição e à desautorização. Um despertar de afetos extremos que revela disputas de narrativas tanto na academia quanto no espaço público sobre o que é conhecimento e quem está autorizado a produzi-lo.

A esse aspecto é importante dizer que o exercício da intelectualidade pública, na versão colunista, liga-se diretamente ao trabalho desenvolvido como professora, pesquisadora, idealizadora e coordenadora do Grupo de Estudos e Pesquisas Intelectuais Negras na UFRJ. Criado em 2014 com o objetivo de ler e discutir a produção intelectual de mulheres negras, o Grupo hoje congrega diferentes frentes: a disciplina de graduação "Intelectuais Negras: escritas de si, saberes transgressores e práticas educativas de mulheres negras", o projeto de extensão "Diálogos", que consiste na promoção de encontros bimestrais para debater autoras feministas negras. As reuniões semanais de orientação, dedicadas à formação de orientandas de graduação e de pós em feminismos decoloniais, interseccionalidade e pesquisa ativista. Tais iniciativas, entre outras, situam-se no que chamo de "Intelectuais Negras: uma nova epistemologia". Elas envolvem milhares de estudantes universitários interessados em aprofundar seus conhecimentos sobre o trabalho mental de mulheres negras.

Nesse processo, é inevitável rememorar a criação, em 2013, do "Preta Dotora na primeira pessoa". Este *blog* é muito importante porque foi o primeiro espaço em que me dediquei à produção sistemática de textos de história pública. Uma espécie de laboratório de escrita criativa, de onde saíram muitos textos dedicados a narrar os bastidores da produção científica sob o ponto de vista de uma "Preta Dotora". Identidade construída, de forma jocosa sem o "u", para enfatizar privilégios brancos, desigualdades raciais, de gênero, sob a ótica de uma professora universitária negra. Distanciando-me do predomínio da neutralidade e do afastamento entre sujeito e objeto, nesse *blog* iniciei um movimento hoje consolidado. O de inventar e difundir uma ciência "na primeira pessoa", baseada em saberes científicos e comuns de mulheres negras.

Por mais que o discurso acadêmico predominante insista em tratar academia e ativismo como opostos, trajetos como o meu evidenciam a potência que a aproximação das duas palavras representa. Essa compreensão foi aprimorada, em 2015, ano em que entrei para o maravilhoso grupo Conversa de Historiadoras. Iniciativa acadêmica de referência na história pública, o *blog* idealizado por Hebe Mattos e Martha Abreu, historiadoras, grandes amigas e inspirações, permanece abrindo horizontes para escrever história para públicos mais amplos. São cinco anos refletindo e produzindo conteúdos acerca da memória da escravidão e do pós-abolição no tempo presente, ao lado também das queridas historiadoras Mônica Lima, Keila Grinberg e da colega Ana Flavia Magalhães Pinto.

Com todo esse caminho percorrido, chegamos, finalmente, a março de 2018. Lembro, até hoje, da sensação de alegria e surpresa ao receber, por telefone, o convite para escrever no *Nexo Jornal*. José Orenstein, que, em breve, seria meu futuro editor, explicou a ideia. Muda fiquei. Calada permaneci. Exceto pelo "obrigada, vou pensar".

Ao desligar o telefone, entrei em mais um dos rituais que todos os dias se repete. Conversar comigo mesma. Em busca mais de perguntas do que respostas certas, pensei: "considerando titulação, posição acadêmica, prestígio profissional, qual é a sua surpresa, Giovana?" Recordei a época de escola. Nas festinhas *hi-fi*, minha avó preparava bolo de cenoura. Meninas, um prato de doce ou salgado. Meninos, um litro de refrigerante. Diante do tremendo binarismo de gênero, duas imagens, transcorrem em velocidades distintas. O esvaziamento do tabuleiro da sobremesa com calda farta era bem mais rápido que o tempo em que, penteando, com os dedos, os cabelos, esperava que algum menino me tirasse para dançar.

O alisamento das madeixas com pasta, reforçado por escovas semanais, evidenciava, além das cicatrizes de queimadura no couro cabeludo, aquela que fora minha primeira militância: a luta para tentar ser igual às amigas sem cor. Malsucedida em meu grande projeto, percebi que a vida me exigia respostas rápidas. Cientista da própria existência, ainda pequena tive de criar a fórmula para me cuidar e proteger como uma menina com cor. Uma cor, todos os dias, realçada pela via da dor. Com a alma cravejada de piadas, agressões físicas, preterimentos, aprendi o sentido de ser ímpar.

Ímpar, eu era uma personagem com único papel: observar as amigas dançarem. Ao som da música lenta, de rostinho colado ou com maçã na testa, meninas e meninos sem cor bailavam. Mais de duas décadas depois do bolo de cenoura de D. Leonor, constato que entre os trajetos de rejeição na infância e de sucesso na fase adulta, uma característica permanece. Sou uma pessoa ímpar. Na escola, na universidade, no yoga, no surf e em muitos outros espaços. A compreensão dessa identidade tem sido fundamental para reinventá-la como uma ferramenta para lutas e mudanças coletivas. A chegada ao *Nexo Jornal* é um momento importante nesse processo de autoconhecimento.

O sim ao convite de Zé veio acompanhado de uma preocupação antiga. Em nossa segunda conversa, quando, finalmente, consegui falar, ela apareceu: "Não quero escrever apenas sobre negritude. Também não gostaria de ocupar o lugar de porta-voz oficial das relações raciais no jornal." Eu não sabia, mas ali começava um dos maiores desafios da minha vida. Escrever sobre tudo sem deixar de ser eu mesma.

Em sintonia com a proposta de "narrativa na primeira pessoa", minha coluna de estreia chamou-se "Que tal falar do que não sei?" Um texto sobre como, na condição de uma acadêmica negra, famosa pelo trabalho intelectual, seria possível distanciar-me do papel de "mulher maravilha". Como falar dos meus medos? Das experiências cotidianas de pessoa-mãe, professora, surfista, candomblecista? De que forma tornar minha coluna fixa no *Nexo* um espaço para analisar e interpretar a história do Brasil através dos meus pontos de vista científicos de historiadora?

Enquanto penso em tudo isso e imagino como será a capa do livro, voo mentalmente para Princeton University. Em 14 de março de 2019, dia em que se completou um ano da execução da socióloga e vereadora Marielle Franco e sete anos da defesa de minha tese de doutorado, apresentei o trabalho "Marielle Franco: What Does It Mean?" Na ocasião, junto com a arquiteta Monica Benício e a socióloga Tianna Paschel, refleti sobre a importância de diferenciar memória e legado:

#Mariellepresente: diferenças entre legado e memória

> De forma geral, evito dar entrevistas ou fazer falas sobre Marielle Franco porque, além de não termos convivido diretamente, me incomoda o uso, muitas vezes superficial e abusivo, de sua memória. Entretanto, ontem a jornalista Ana Paula Blower do jornal O Globo me fez a seguinte pergunta: Como Marielle será lembrada pela história? Qual

seria a diferença para outras mulheres negras que foram esquecidas dos documentos e da história? Quebrando meu próprio protocolo, termino respondendo.

Considerando mulheres como Carolina Maria de Jesus, Maria Firmina dos Reis e Conceição Evaristo, que levaram entre cento e trinta e um anos para que seus trabalhos fossem reconhecidos, Marielle Franco representa um grande avanço na história das mulheres negras do Brasil. O reconhecimento da sua relevância se dá no seu tempo presente. No momento político em que ela é sujeita da história. Destaca-se aí o fato de ter sido a vereadora mais votada no Rio de Janeiro. Entretanto também vamos falar de permanências históricas: a genialidade de Marielle teve um preço altíssimo: sua própria vida. A morte é uma constante na nossa história desde a travessia pelo Atlântico. Por isso é tão importante lutarmos pela longevidade das famílias negras como um projeto político de sustentabilidade da comunidade negra. Precisamos pensar seriamente sobre como viabilizá-lo. Nesse sentido, não posso deixar de lembrar de Anielle e Luyara Franco, sementes que precisam ser cuidadas. Tudo isso que comento se relaciona a prestar atenção na reforma da previdência, no sucateamento da educação e da saúde públicas, na militarização da segurança e tantos outros problemas que afetam a comunidade negra. Por fim, como uma mulher negra acadêmica, acredito que precisamos diferenciar memória de legado. Em linhas gerais, a memória está no plano de conferir respeito e visibilidade à trajetória de Marielle. Já o legado está no compromisso de responder, com ações práticas, como o trajeto de Marielle pode ser apropriado por nós. O crescimento de candidaturas e eleições de mulheres negras em todo o Brasil é um desses resultados. A recente eleição da deputada estadual Doutora Renata Souza para presidir a Comissão de Direitos Humanos da ALERJ é um também. Outro aspecto que vale destacar é, a despeito de toda a precarização, a crescente entrada de jovens negras nas universidades públicas brasileiras. Personificando o ambíguo título de "primeiras da família", essas meninas chegam ao espaço acadêmico colocando em prática um direito que nos foi tomado: o de projetarmos nossas vidas para o sucesso e o bem-viver tal qual Marielle Franco.

De noite, livre da responsabilidade ímpar (de única doutora negra brasileira no seminário), o cenário mudou. Do aristocrático palanque do auditório acadêmico, migramos para a imponente sala de jantar de um professor que organizou uma recepção em sua casa.

Entre muitos portunhóis, taças de pró-seco e música brasileira, eu, Tianna Paschel e Aisha Belino de Jesus dominamos, espontaneamente, a mesa de jacarandá. E nessa ocupação inusitada para a supremacia branca, juntas, iniciamos uma longa e animada conversa com Angela Davis. Horas e mais horas, de uma noite marcante em que quatro mulheres negras celebraram histórias e curaram feridas com o poder da palavra. Das mãos, dos sorrisos, dos abraços.

Entre as coisas que mais remarcaram, o fato de Angela repetir reiteradas vezes a frase "Giovana, você deve seguir". Minha euforia, somada à espetacularização daquele momento mágico por algumas pessoas sem cor, com seus ritos de *selfies* não consentidas, fizeram com que apenas no dia seguinte eu conseguisse ler a dedicatória de Miss Davis.

Diferentemente da maioria dos livros que a vi autografar, além de "luta", a folha de rosto do meu exemplar de *Mulheres, cultura e política* trazia grafada a palavra amor. "Amor e Luta" + "Você deve seguir". Mensagem recebida. *Thanks*, Miss Davis! Obrigada, mãe Sonia Regina Xavier da Conceição! Percorrendo rotas distintas, vocês me ensinam a imaginar o futuro, sem abrir mão de viver o presente. Hoje, pelas duas, por Peri e por todas as meninas e mulheres negras do Brasil, eu escolho sorrir na capa, escrevendo novas histórias e celebrando a vitória que este livro representa para todas nós.

#eurobolo

A pergunta feita em 1797 pela ativista afro-americana Soujorner Truth – "E não sou eu uma mulher?" – tem sido um marco para evidenciar fato óbvio. O feminismo, enquanto movimento em luta pela igualdade, liberdade e justiça para todas as pessoas, não é uma coisa só. São as experiências de raça, classe, gênero, sexualidade, variáveis para cada sujeito, que definem o que é feminismo e, por conseguinte, o que é ser feminista. No caso de mulheres negras, questões como memória da escravidão, trabalho doméstico, hipersexualização, genocídio ocupam lugares centrais para defini-lo.

O conjunto de textos deste capítulo é dedicado a refletir sobre as especificidades dos feminismos negros apresentando avanços e limites contidos na expressão "mulher negra de sucesso". Em um país no qual representamos 25,4% dos 51,5 da população feminina e 80% das trabalhadoras domésticas, o que significa ocupar o topo da lista de mais vendidos e reunir milhares de pessoas na rua para o lançamento de um livro como no caso da filósofa Djamila Ribeiro? Qual é o impacto da escritora Conceição Evaristo protagonizar uma campanha pública para sua eleição como imortal da Academia Brasileira de Letras? O que significa, no verão, deparar-se com uma profusão de mulheres negras compartilhando experiências de férias familiares nas redes sociais?

Por mais que a própria formulação das perguntas já se constitua em avanço, essas trajetórias de sucesso – incluindo a minha própria como acadêmica, também são marcadas por limitações. Uma delas é o fato de que a maior parte das mulheres negras segue ocupando a base das estatísticas de todos os indicadores sociais. Logo, se nosso sucesso individual é indiscutível, expandi-lo para toda a comunidade segue como um dos principais desafios. As reflexões sobre a responsabilidade emocional dos homens nas relações afetivas e no suporte aos movimentos feministas inserem-se neste debate.

Baseada na articulação entre dados estatísticos, pesquisas científicas e participação de intelectuais negras em projetos e campanhas feministas, discuto as barreiras impostas pelos preconceitos raciais e de gênero assim como apresento possíveis caminhos para a realização do desafio de alcançar o sucesso coletivo.

Mulheres Negras: cheirinho de sucesso

"Nos encontramos felizes, lisonjeadas e gratas pelo carinho, pelo reconhecimento e por tantos convites no nome de Conceição Evaristo. Contudo, a escritora se encontra com a agenda fechada até abril de 2019."

Esse texto, assinado por Tainá Evaristo, sobrinha da escritora, colocou-me a pensar no novo desafio das mulheres negras: como damos significado ao cheirinho de sucesso que exala de nossas carreiras? O Brasil conta hoje com um número considerável de mulheres negras que movimentam estruturas, alcançando lugares inesperados para quem é, historicamente, objetificada, com sua intelectualidade negada. Já em clima de balanço de 2018, refletir sobre isso é importante. Representa um caminho para construir contrapontos à narrativa das "histórias de superação", à qual nossas biografias são confinadas.

A agenda de Conceição Evaristo, lotada até abril de 2019, faz parte da consolidação de um trajeto iniciado nos anos 1980, quando a mineira de Belo Horizonte iniciou suas atividades como escritora. Tem a ver também com seu trabalho como professora de língua portuguesa e literatura na rede pública do Rio de Janeiro. Quem acompanha Conceição já deve tê-la ouvido falar: "as primeiras pessoas a legitimarem meu trabalho foram as professoras da escola pública e não a academia". A afirmação da autora é uma evidência de que operamos com o reconhecimento profissional também como resultado de uma militância em prol da comunidade negra. Nosso ativismo intelectual incide diretamente na vida de milhões de pessoas.

O manuseio do sucesso como uma ferramenta de militância possibilita que nossos percursos sejam interpretados como histórias de reinvenção, em vez da perspectiva racista da "superação". Nosso reinventar-se é sustentado coletivamente, representando um diferencial em relação a trajetórias de sucesso no grupo racial branco. Basta compararmos as biografias de Carolina Maria de Jesus e Clarice Lispector para identificarmos muitas diferenças.

Minha própria trajetória acadêmica, de brilho e consagração à frente do Grupo Intelectuais Negras UFRJ possibilita-nos refletir sobre o que nosso sucesso exala. Na semana passada, estive no Colégio Estadual Olga Benário Prestes, no subúrbio carioca de Bonsucesso, para receber uma homenagem da inesquecível turma de terceiro ano. Fiquei emocionada ao adentrar a quadra da escola e ser recebida calorosamente por estudantes. Adolescentes, em sua maioria negros, que com todo amor e cuidado passaram um semestre estudando a minha biografia. Esse trabalho, em consonância com a Lei 10.639/03, que torna obrigatório o ensino de história da África e cultura afro-brasileira, foi desenvolvido sob orientação da professora Joice Silviano. Seus resultados lindos corroboram a fala de Conceição Evaristo sobre o papel das docentes da educação básica em promover transformações.

A tarde na escola materializou o sentido da educação como prática da liberdade. Jovens dançando, recitando poemas de sua própria autoria, trabalhando com prazer. Ter sido celebrada, na forma da emocionante paródia "Preta Dotora diploma de ouro" fez-me compreender que o trabalho de mulheres negras em prol da democracia e da justiça é muito forte e genuíno. Essa percepção também pode ser aprofundada com a realização das oficinas Intelectuais Negr@s do Pós-abolição, ministradas por bolsistas do Programa de Educação Tutorial Conexões de Saberes Diversidade UFRJ, sob minha coordenação. O encontro de universitários negros com estudantes do ensino fundamental da Escola Municipal Jornalista e Escritor Daniel Piza, no Complexo de Favelas do Chapadão, desencadeou conversas importantíssimas sobre família, trabalho, representatividade. Fomos embora afetados, ouvindo de crianças e jovens que o maior desafio de suas vidas era o de "ir para a escola todos os dias". De quais formas trajetórias bem-sucedidas como a minha podem contribuir para que o direito à educação para todos seja respeitado? Sigo pensando.

Algumas respostas vieram duas semanas depois, no lançamento da coleção infantil Ibeji, da marca Baobá Brasil, assinada pela maravilhosa estilista Tenka Dara, mãe das gêmeas Iaomin e Mimbi. Ocorrido na Casa do Jongo, na favela da Serrinha, em Madureira, o desfile entrou para a história, apresentando crianças de cabeça erguida, orgulhosas da sua negritude.

Ainda sobre os odores do sucesso, no dia 4 de dezembro de 2018 completou-se um ano do memorável lançamento do livro *O que é lugar de fala?*, de Djamila Ribeiro, na Casa Nem, no Rio de Janeiro. Na ocasião, aprendemos a lidar com um público de 1.500 pessoas que apinhou a apertada rua Joaquim Silva, no bairro da Lapa. De lá pra cá, esse cenário repete-se em cada evento do qual a intelectual pública participa. Em uma leitura cuidadosa da máxima "nossos passos vêm de longe", acompanhamos felizes o lançamento – na semana passada – de mais um de seus projetos editoriais. A importante obra *Sueli Carneiro: escritos de uma vida*, que reúne textos da filósofa de diferentes tempos.

Do mesmo modo, entendendo que resistência é uma palavra antiga em nosso dicionário, comemoramos o anúncio da participação de Maria Clara Araújo no Festival Ellas Mujeres Latinas para falar sobre pensamento decolonial e transgeneridade. Brindamos também ao lançamento do livro *Intelectuais Negras: prosa negro-brasileira contemporânea*. Tese de doutorado da mineirinha Mirian Santos, o livro apresenta o pensamento de Conceição Evaristo, Cristiane Sobral e Miriam Alves, reposicionando-as como intérpretes do Brasil. Não poderia ser diferente, a obra desabrocha sob os cuidados da Editora Malê, que na figura de Vagner Amaro tem tido papel decisivo na transformação do mercado editorial brasileiro. "Tudo aquilo que vivi foi demais, ultrapassando todas as expectativas de felicidade" é a frase de Miriam sobre a noite do lançamento. Uma frase que gosto de ouvir e repetir. Eu sei que os tempos são difíceis. O futuro, assustador. Mas 2018 chega ao fim com muitas belas vitórias.

***

Mudou meu sábado (08/12), dia de Oxum, a deusa do amor, saber – pela irretocável Flavia Oliveira – que 30 mães de santo e ekedis subiram ao palco para reverenciar as mulheres negras e nossas histórias. Isso aconteceu em Goiânia no Encontro Nacional de Mulheres Negras, 30 anos depois do primeiro, realizado na Casa Nem, Rio de Janeiro. Emocionei-me com uma imagem de Benedita da Silva e Jurema Batista. Vê-las abraçadas no evento assim como encerrar o trabalho com a oitava turma da disciplina Intelectuais Negras com abraços embalados por "Banho de folhas", da cantora Luedji Luna, reforçou a certeza que me move. Podemos e devemos nos permitir celebrar nossas vitórias. Todas elas são sonhos vividos por pessoas que não puderam realizá-los, mas que se dedicaram a mantê-los vivos e acesos para nós. Em tempo: Feliz aniversário Conceição Evaristo. 72 anos de vida! Que a sua longevidade – tão inspiradora e plena – seja nosso principal espelho! Oxalá quem guia!

Publicado no *Nexo Jornal*
em 10 de dezembro de 2018.

"Me desculpa Jay-Z, eu queria ser você"

Há algumas semanas fui convidada pela jornalista Dandara Tinoco para participar da campanha #MulheresViramOJogo respondendo à seguinte pergunta: "Para você, como mulheres têm virado o jogo por mais igualdade e menos violência?" O processo de construção de minha resposta disparou vários gatilhos relacionados a uma situação que considero preocupante. Em muitos casos, a ascensão e o reconhecimento profissional que conquistamos está em desequilíbrio com as relações afetivas que estabelecemos com os homens. Isso me leva a pensar que os movimentos feministas – onde me incluo – precisam priorizar em suas agendas o fato de que sua decoração de interiores está em desarmonia. Repleta de ativistas que lacram em espaços de trabalho ao mesmo tempo que vivenciam no privado relacionamentos desastrosos, baseados em padrões do tempo em que o Brasil era colônia portuguesa.

Essa reflexão, baseada em vivências, leituras e histórias compartilhadas por mulheres variadas, fizeram-me percorrer caminhos que se cruzaram com temas tratados por Baco Exu do Blues em "Me desculpa, Jay-Z". A faixa que integra seu novíssimo álbum *Bluesman* também mexeu com os sentimentos do geógrafo Caio Cesar e do ator Dan Ferreira. Eles publicaram suas próprias interpretações sobre a letra, que critica um padrão de masculinidade inconsequente representado pela imagem do *rapper* americano Jay-Z. À primeira vista, o teor da música, que parece carregar um pedido de ajuda ou autocrítica (não sei ao certo), abre um caminho para que homens falem de si. Para que busquem formas próprias de cura e superação para a maneira infantil, egoísta e irresponsável com a qual lidam com o medo de conhecerem a si próprios e assumirem seus medos e fraquezas.

"Eu não gosto de você sorrio ao te ver." Os homens precisam cuidar da sua saúde mental, assumindo o compromisso de ter responsabilidade e inteligência emocional para estar no mundo. Na busca de ferramentas para sua reeducação, é necessário que pratiquem a exposição. Que se disponham a aprender com os sonhos, medos, insuficiências que carregam. O fato de não investirem nessa agenda de autoconhecimento naturaliza o machismo, que é suportado pelo medo masculino de se ver e narrar através das suas fragilidades. Esse sistema de opressão fraqueza-medo-agressão produz consequências gravíssimas. Relacionamentos abusivos, feminicídios, transfobia, irresponsabilidade paterna, omissão do trabalho doméstico. Um cenário que gera violências de todas as ordens, fazendo com que mulheres precisem intensificar seus mecanismos de proteção. Identificar desejos, estabelecer prioridades, não abrir mão de projetos, evidenciar incômodos e discordâncias são parte da nossa lista de desafios. Metas que precisamos cumprir levando em consideração que todos os dias o machismo mata seis mulheres por hora no mundo.

"Se eu minto para mim imagina pra você meu bem." Em um momento político no qual os direitos e a própria existência de mulheres estão ameaçadas é necessário que homens recusem o conforto do silêncio. Que aprendam a falar e refletir sobre a cultura machista que rege nossas vidas. A opressão pela qual estamos tão impregnados que, muitas vezes, não conseguimos enxergar. Perguntamos preocupados "como discutir gênero na escola?" e passamos batidos pelo fato de que, na educação infantil, os salários são menores e que a maioria esmagadora das profissionais são mulheres. Que mais de 70% dos casos de estupros e demais violências são praticados por parentes, amigos e familiares das vítimas. Que, na educação básica, meninas são desencorajadas a desenvolver o gosto pelas ciências exatas, a participar de competições esportivas, a assumir cargos de liderança. Lembro do namorado de uma amiga. Após perder uma partida de carteado para ela, o rapaz esforçou-se tanto que conseguiu convencer toda a mesa de que o verdadeiro vencedor do jogo era ele.

"Tô entre tirar sua roupa e tirar minha vida." Tudo isso se relaciona à informação preocupante da pesquisa do Datafolha. Nela, 91% das pessoas entrevistadas responderam que é preciso ensinar meninos a não estuprarem. Se meninos precisam aprender a não ser violentos é porque espera-se que sejam agressivos, perigosos. Isso acontece porque na sociedade patriarcal são poucas as oportunidades de encorajamento para que homens falem sobre seus sentimentos. Quando o fazem, sua masculinidade fica sob suspeita.

"Vou seguir meu sonho." Enquanto mulheres, historicamente silenciadas, desautorizadas a expor ideias e manifestar posicionamentos, precisamos ser firmes no autocuidado como um ato revolucionário. Isso também inclui a compreensão de que possuímos demandas variadas em termos de raça, classe, identidade de gênero, sexualidade e também expectativas distintas sobre ser e estar no mundo. Eis aqui uma longa conversa acerca de amor, justiça e respeito. Pautas essenciais de um projeto de democracia radical no qual os homens precisam parar de mentir e de ter medo de se conhecer.

***

DESCARTE. O boy mais gato do samba te para: "Você é linda, sabia?" Sim. Sabia. Prossiga. "Poxa, você deveria falar "Oi, tudo bem? Obrigada!" "Então querido, jura que você nem me conhece e já tem toda essa boa vontade de me explicar como eu devo te responder? Sua paixão por mim é tanta que eu nem tenho como retribuir. Você não é para mim, obrigada." DESCARTADO.

Esse diálogo real somado a diversas cenas que vivi ontem no Samba da Serrinha, entre elas um encoxamento praticado por dois homens, enquanto eles subiam e eu descia a rampa, e uma discussão com um dos organizadores, que quis dar uma de macho comigo, ensina muitas coisas. Nós, mulheres, especialmente as negras, precisamos aprender a listar nossos critérios para escolha de parceiros seja para amizades, pegação ou relacionamentos sérios. Se de cara a pessoa não cumpre os critérios que você definiu como aqueles que te fazem bem não opere na lógica da adaptação. Não se adeque à chave "os homens são assim mesmo". Isso é uma violência contra você. Por quê? Porque essa predisposição cega de sempre se adaptar e abrir mão do que queremos de verdade apaga o seu brilho. Contentar-se com pouco é silenciar seus verdadeiros desejos. Vamos aprender a descartar os lixos que não podem ser reciclados. Caso contrário, viveremos para sempre da seguinte forma: lacrando em nossos projetos profissionais na rua e vivenciando relações afetivas desastrosas dentro de casa, como boa parte de nossas bisas, avós e mães. O feminismo precisa ser integral. Sua casa e com quem você trepa ou namora fazem parte dessa história. No mais, o Samba da Serrinha foi lindo como sempre. Sambei e bebi horrores, me emocionei vendo as crianças desfilarem a coleção infantil da Baobá Brasil. Estive com pessoas lindas e incríveis, que amo. Voltei para casa bêbada, de boas. Muito reflexiva, chateada com esses rolês que rolaram por lá, mas também energizada pela força da nossa ancestralidade, tão marcante naquele território. De volta à programação normal: já meditei, tô prontíssima para minha yoga e, das 14 às 22h, estarei na UFRJ dando minhas aulas. Começo a semana assim: muito feliz comigo mesma por aprender a escolher apenas o que me faz bem. #MulheresNegraseAutocuidado #permitase #pretadotoranaprimeirapessoa #meninadeoyá #labalaba[4]

Publicado no *Nexo Jornal*
em 27 de novembro de 2018.

---

4   "Descarte". Instagram @pretadotora, 27/11/2018.

A bunda tem sempre razão

Ela sabia que os cientistas dos brancos investigavam as coisas para entender como funcionavam. O movimento das estrelas pelo céu noturno, a cooperação dos humores no sangue, a temperatura necessária para uma boa colheita de algodão. Ajarry fez ciência com seu próprio corpo e acumulou observações. Cada coisa tinha um valor, e, à medida que o valor mudava, tudo o mais mudava também. Uma cabaça quebrada valia menos do que uma que ainda pudesse armazenar água, um anzol que segurava o bagre era mais valorizado do que um que deixasse escapar a isca. Na América o estranho é que as pessoas eram coisas."

(Colson Whitehead, 2016.)[5]

Noite de sexta-feira na Lapa, centro do Rio. Na sede do Grupo de Teatro Tá na Rua, o colorido das araras, repletas de figurinos lúdicos, penteadeiras com luzes e maquiagens em diversos tons, janelas com venezianas que revelam os tempos de outrora transformam-se em moldura. No centro da arte-viva, muitas mulheres. Ostentando sutiãs, tops, microshorts, correntinhas na cintura, elas revezam pés e joelhos em busca de um objetivo comum: aprender a rebolar, dançando *funk*. Nos intensos atos de subir e descer, purpurinas, estrelinhas e confetes, que antes ornavam o chão, grudam-se aos corpos, que se movimentam durante 90 minutos do eletrizante encontro, ministrado por Taisa Machado.

Ao nomear-se pelos lugares de fala de autodidata e pesquisadora de ritmos, como o *baikoko* e o *dancehall*, a jovem, favelada do Complexo do Chapadão no Rio de Janeiro, coloca-nos, de forma criativa, diante do que aprendemos, desde muito

---

5 Colson Whitehead. *The underground railroad: os caminhos para a liberdade*. Rio de Janeiro: HarperCollins, 2016.

cedo, a enxergar como impossibilidade, surpresa ou problema. Mulheres pobres são sujeitas com vontades próprias, produtoras de saberes e donas de seus corpos. Essa afirmação, colocada em prática pela eleição inédita de uma presidenta mulher, pela multiplicação de movimentos em prol da liberdade sexual, de gênero, dos direitos trabalhistas e reprodutivos entre mães e filhas das classes trabalhadoras, tem despertado a ofensiva ultraconservadora contra a democracia no Brasil.

No caso do *funk* e do papel feminino, as conquistas alcançadas por mulheres como MC Carol, Tati Quebra-Barraco e a própria Taisa, chefona do *AfroFunk*, são exemplos que se contrapõem à cultura patriarcal, que incute em nossas mentes a ideia de que usar a bunda é um artifício para mulheres "burras", que não sabem usar seus cérebros. Essa cisão entre corpo e mente é uma política de controle que aparece muito bem narrada nos escritos da pedagoga bell hooks sobre a dificuldade que mulheres negras têm de se autonomearem e serem reconhecidas como intelectuais. Figura também no pensamento da historiadora Silvia Federici, que na obra *A Bruxa e o Calibã* analisa os impactos do capitalismo na autonomia das mulheres. Nas relações que estabelecem com seus corpos, na vida comunitária, no acesso à terra, nos conhecimentos sobre a natureza.

Em minha própria experiência como aluna de Taisa, comecei a traçar diversos paralelos entre os dilemas enfrentados por ela e os meus próprios. Enquanto a autodidata define seu trabalho como a "ciência do rebolado", eu, doutora, nomeio mulheres como intelectuais negras: cientistas da casa, da educação básica, do trabalho doméstico.

Embora em espaços de atuação distintos, os trabalhos oriundos do nosso livre pensar despertam as mesmas ondas conservadoras. Incômodo, rejeição e ódio diante da constatação de que "fazemos ciência e acumulamos observações com nossos corpos negros", tal qual Ajarry, a avó de Cora, trazida para América na condição de uma mulher africana escravizada, que insistiu em ser pessoa.

O trabalho de Taisa, realizado no âmbito do Movimento *AfroFunk* Rio, junto com outras iniciativas como a Rede Umunna, insere-se nessa história. Uma jornada que liga passado e presente, através da criação de alternativas políticas que questionam a história única das estruturas de poder brancas, masculinas e heteronormativas. Em vez disso, esses e outros movimentos baseiam-se em formas de expressão política que valorizam as experiências e formas de sociabilidade da população pobre, historicamente criminalizada sob o rótulo de classes perigosas. As candidaturas femininas, com destaque para as de mulheres negras, que se espalharam pelo país, são exemplos desse protagonismo calcado no reconhecimento do papel de trabalhadoras negras como intelectuais, produtoras de conhecimentos relevantes para o Brasil.

Tudo isso relaciona-se com o sábado histórico, marcado por revigorantes mobilizações nacionais do #EleNão. O movimento de mulheres, em 26 estados brasileiros, tornou-se um dos maiores da história do país. Ao mesmo tempo que tomávamos as ruas para expressar nossa indignação frente à onda de retrocessos e ameaças aos direitos das populações negras, pobres, LGBTI, viralizou na internet um vídeo da #OficinaProibidona, protagonizado por alunas que protestaram contra a extrema direita, dançando *funk*.

O balanço das dezenas de rabas, na sua grande maioria pretas, finalizado com uníssono #elenão, recebeu muito apoio e empatia. Como era de se esperar, o registro também foi parar em páginas e perfis de setores conservadores, sendo apresentado como um exemplo de mulheres "vagabundas", "sujas", que "merecem ser chicoteadas" porque "só sabem usar a bunda em vez do cérebro". Discursos de ódio, baseados na misoginia, no machismo , no racismo e na criminalização da população pobre.

No Brasil, mulheres negras pagam os maiores impostos, recebem os menores salários, encontram-se sub-representadas em espaços de poder ao mesmo tempo que se reinventam cotidianamente como pessoas em vez de coisas. Agora me conta: por que rebolar incomoda tanto?

Publicado no *Nexo Jornal*
em 1º de outubro de 2018.

Turistas de Wakanda: mulheres negras de férias na Bahia

Minha última coluna foi dedicada a pensar as relações entre feminismo e maternidade. Em meio a uma viagem de férias na companhia de uma amiga, lancei a seguinte pergunta: como mães podem se apropriar do tempo para valorizar a sua individualidade como mulheres, com projetos e vontades próprias, que extrapolam a condição materna? Na coluna desta semana, dando continuidade às edições férias de verão, desdobro a indagação. Para isso, trago, na forma de novas perguntas, um tema que acompanhou nossa estada em Itacaré, Bahia. Em um país em que mulheres negras ocupam a base de todos os indicadores sociais, como construímos a identidade de "turista negra"? Quais relações de gênero, raça, classe, sexualidade originam-se desse lugar de fala?

A interação animada com a cobertura da nossa viagem nas redes sociais e o fato de várias outras mulheres negras também estarem viajando para se divertir e descansar saltaram aos meus olhos. Nesse momento de retrocessos, as imagens de Djamila Ribeiro, Erica Prado, Ellen Paes, Erly Guedes, Joice Berth, Isis Virgilio, Luiza Brasil em aviões, ao volante de carros, em cachoeiras, rios e praias paradisíacas, iates, florestas, sítios, museus, vinícolas tornam-se marcantes. Sozinhas ou acompanhadas por amigas, familiares e namorados, seus movimentos entram para a conta da resistência às políticas de desumanização, que nos confinam ao lugar de criadas para servir.

Durante 12 dias na cidade do *surf*, observei que, assim como em todo o Nordeste, lá, a maioria da população é composta de pessoas negras. Acompanhando a história da região, parte considerável desse grupo racial é de pessoas dedicadas a atividades profissionais ligadas aos ramos do comércio e do turismo.

Não sendo moradoras da cidade, trabalhadoras do sexo, esposas de "gringo", tornamo-nos alvo de especulações. Para barqueiros, guias de trilhas, cozinheiras, garçonetes, motoristas, surfistas, viramos uma espécie de enigma a ser decifrado. Logo no começo da viagem, saí com Tenka para dançar no Favela Coffee Shop, a principal balada da cidade. Com a nossa presença, a pista de dança, que estava vazia, rapidamente lotou. Quando nos demos conta, tínhamos virado atração local. Alguns homens e mulheres curiosos dirigiram-se a nós com uma pergunta já na forma de resposta: "Vocês não são daqui?" E seguiam nos acompanhando com olhares de admiração e curiosidade. Quando explicávamos nossas origens do Rio de Janeiro e de São Paulo, a conversa avançava para dúvidas como: com que vocês trabalham? Atrizes? Modelos? Dançarinas? Com roupas de capulana estampadas em diversos tons, rebolando *funk* carioca até o chão, nos sentíamos as próprias turistas de Wakanda que, ousadas, decidiram pousar sua nave para desbravar a paradisíaca Itacaré.

Em diversas situações, para responder às perguntas, expliquei que era professora universitária no Rio de Janeiro (o que também aumentava a surpresa) e que me dedicava a trabalhar com a história das mulheres negras. Isso, somado ao cuidado de divulgar iniciativas profissionais que considerei relevantes de serem conhecidas por meu público, fez com que muitas pessoas locais passassem a me seguir nas redes sociais.

Como se trata de uma cidade pequena, consolidei-me como uma espécie de personagem "improvável". Uma mulher negra que gerava identificação, orgulho e admiração, em especial de outras mulheres negras, com quem criei vínculos de amizade. Nossas parecenças de cor de pele, tipo de cabelo, ligação com o mar reverteram-se em muitas conversas com adolescentes, mães, avós, tias que tinham curiosidade em saber desde o que faz uma acadêmica, o que é preciso para conseguir uma vaga na universidade, até quando eu iria abrir uma sede do Grupo Intelectuais Negras na cidade. Nem preciso dizer que amei a ideia! Do meu lado, essas perguntas fizeram-me pensar a importância do lugar de educadora e formadora de opinião que consegui alcançar articulando as identidades de acadêmica, ativista, mãe, surfista. Uma jornada cada dia mais difícil e desafiadora de produzir conhecimentos científicos para um público mais amplo.

O jardim não é feito só de flores. O mar tem também suas ressacas. Já sabemos. Senti isso quando abri a boca com uma pranchada e precisei recorrer ao hospital público local. Por mais que, no final, tudo tenha dado certo, senti pavor ao imaginar qual poderia ser o resultado da costura da boca de uma mulher negra de boné, short e biquíni (ou seja, criada para servir e não ser servida) em uma cidade no interior da Bahia (sentimento que também estaria presente em qualquer grande metrópole).

Todas essas experiências ensinaram-me que, por mais que a chave do exotismo permaneça na imagem de "cidadãs wakandenses", ela também guarda um avanço considerável. Em vez das rotineiras situações de sexualização, as pessoas permitiram-se ter dúvidas a respeito do que a identidade "mulher negra" pode representar. E o fato de terem ido esclarecê-las diretamente com os "objetos" fez com que nossa "diferença" fosse apropriada de formas que contribuíram para reeducação das relações raciais e de gênero no Brasil. De boca aberta, decididamente #itacaréforever!

Publicado no *Nexo Jornal*
em 21 de janeiro de 2019.

Fogo na Dor: o #8M e os temerários perigos da história única

Foi em fevereiro que pipocou na minha *timelaje* o chamado para uma Greve Internacional de Mulheres no dia 08 de março de 2017. As autoras, dentre as quais se incluem Angela Davis, Nancy Fraser e Tithi Bhattacharya, provocavam-nos a manter acesa a onda de protestos observada nas marchas de mulheres contra Trump, em 21 de janeiro nos EUA.

No documento, as ativistas conclamavam mulheres a lutarem por um feminismo que represente 99% das pessoas, revisando erros e acertos e focando na importância de uma agenda expandida – antirracista, anti-imperialista, anti-heterossexista e antineoliberal – para os movimentos com este recorte. Por aqui, feministas negras do naipe de Deise Benedito e Lúcia Xavier aderiram à mobilização, compartilhando reflexões e propondo ações ligadas ao cenário brasileiro nas redes sociais. A rápida adesão por milhões de mulheres confirmou a impossibilidade crescente de separar o mundo e o ativismo em "real" e "virtual". Afinal, em um país de maioria feminina, campeão em índices de feminicídio, trabalho doméstico e lesbobitransfobia, o que pode ser mais real do que conclamar mulheres para irem às ruas lutar por direitos trabalhistas, de saúde e segurança?

O cenário de mobilização é alimentado porque sentimos na pele que nossas conquistas enquanto mulheres estão cotidianamente ameaçadas por políticas conservadoras, elaboradas por um patriarcado do século XXI, no qual o lar, os filhos e o orçamento doméstico definem, sem parcimônia, o "ser mulher".

Esse impacto confirma a importância de identificar os eixos de opressão que se articulam, como defendeu Kimberlé Crenshaw, ao criar, nos anos 1990, o conceito de interseccionalidade. Trata-se de categoria central para compreender que classe é definida pelas experiências de raça, raça pelas de gênero, gênero pelas de sexualidade. Vice-versa, sucessivamente. Nessa lógica, percebemos que a ausência de mulheres negras é prática corriqueira na academia, como narrado em "De mãos dadas com minha irmã: solidariedade feminista", texto de bell hooks que nos ajuda a compreender a falta de nexo no modo de pautar o racismo estrutural, para dar um exemplo "à brasileira".

Como as histórias não são únicas, este 08 de março foi palco de uma conquista significativa. Na batalha por representatividade na mídia, tivemos Taís Araújo estreando no programa Saia Justa e narrando na primeira pessoa o Brasil brasileiro da falsa democracia racial que mata 23 jovens negros por minuto. A fala da atriz, sintonizada com as agendas dos movimentos negros e feministas, no canal GNT, representa uma vitória para mulheres negras como a *designer* gráfica Maria Julia Ferreira, autora da campanha GNT Se Você Não Me Vê Eu Não Vejo Você!!!, de 2013.

A autonarrativa e as intervenções altamente qualificadas de Djamila Ribeiro em sua participação no Programa Estúdio I dedicado ao Dia Internacional da Mulher confirmam a importância da luta por estarmos em todos os lugares. A inteligência que nos faz caminhar das margens para o centro, apropriando-nos das contradições e produzindo saberes em nome do fortalecimento da comunidade negra e de nossas pautas.

Nessa caminhada destaca-se o direito ao bem viver, reivindicado pela Marcha das Mulheres Negras e por ativistas como Dona Debora Maria da Silva, do Movimento das Mães de Maio, de São Paulo. Direito este diariamente aniquilado como demonstra a triste história de João Victor de Souza de Carvalho, um menino (mais um!), brutalmente impedido de ser humano aos 13 anos.

Para seguirmos todos os dias pensando e praticando o #8M de forma interseccional e condizente com a realidade brasileira, também destacamos a criatividade e a força da psicóloga da UFRJ Luciene Lacerda, feminista negra idealizadora da Campanha 21 dias de Ativismo contra o Racismo. Abraçado por ativistas negros e brancos de diferentes áreas, o movimento realiza durante o mês de março centenas de atividades relacionadas à luta contra o racismo no Rio de Janeiro, na Baixada Fluminense e em Macaé.

A luta por existir e reexistir como instrumento atinge de forma específica mulheres negras, conforme comprovam os dados do IPEA no estudo online *Retrato das desigualdades de gênero e raça.*. Lançada no último 06 de março, a pesquisa reúne dados sobre trabalho, família e escolaridade de mulheres no país entre 1995 e 2015 e também foi lembrada pela jornalista Luciana Barreto, que em instigante texto conecta rostos e vozes de intelectuais negras como Mônica Lima e Nathália Braga em celebração à nossa ancestralidade.

No meu mural do "Dia sem Mulher", tem lugar cativo o texto "Calar é preciso" da jornalista Flávia Oliveira, propositalmente publicado no *after day*. Flavia, nossa intelectual negra que em breve estreia como apresentadora do TED – Compartilhando Ideias, no Canal Futura, tacou fogo na dor narrando em números e reflexões densas a vulnerabilidade a que estão sujeitas as mulheres brasileiras dentro da combinação reforma política e restrição orçamentária. Têm assento permanente também mulheres como Dona Debora, que carregam a sabedoria de transformar morte em vida, frente ao genocídio da população negra.

Se na luta por sermos visíveis e respeitadas, Chimamanda Adichie ensinou-nos que muitas histórias importam, é hora de ela própria repensar que as muitas mulheridades também importam. Nesse sentido, é o momento de lutarmos em busca de um sol amarelo no qual o direito às identidades de gênero brilhe para além do pênis e da vagina. Essa travessia é oposta à trilhada por feminismos "radicais" que naturalizam a história única, biologizando experiências de gênero e distorcendo o sentido político de radicalidade, originário da insurgência política de mulheres negras nas lutas pela liberdade.

E, por falar nas muitas histórias que verdadeiramente importam, encerramos o texto com o registro da banca de defesa de monografia da estudante Isadora dos Santos Nascimento. Após cumprir os ritos acadêmicos com toda a competência e sensibilidade herdada de nossas ancestrais, a jovem publicou malandramente em seu Instagram: #vaiterpretapedagoga.

No 08 de Março e todos os dias: um salve a Isadora, Dona Debora e a todas as mulheres negras do Brasil e do mundo por lutarmos de múltiplas formas pelo direito de existir e reexistir.

Axé!

Publicado no blog *Conversa de Historiadoras* em 12 de março de 2017.

#nãosejogueprojetese

"Durante muito tempo escrever foi considerado revolucionário pelas feministas brancas. Eu digo, para mulheres negras escrever e publicar é revolucionário." Lembro até hoje do dia em que ouvi Conceição Evaristo falando esta frase. Acompanhei a autora subindo, imponente, as escadarias do Centro Cultural da Justiça Federal para lançar *História de leves enganos e parecenças*. Além da afirmação marcante, chamou-me a atenção o fato da doutora em Literatura Comparada enfatizar que aos sessenta e oito anos era a primeira vez que publicava um livro sem apoio de editais ou com dinheiro do próprio bolso. Desse dia em diante, tornei-me uma leitora sistemática, compulsiva, da produção literária de mulheres negras. Dois anos depois, a curadoria da XV Festa Literária Internacional de Paraty (2016), embora tenha escolhido homenagear as mulheres, não convidou nenhuma autora negra para integrar a programação.

Diante desse silenciamento, coerente com a história naturalizada de machismo e racismo no Brasil, construí o conceito de "arraiá da branquidade" e publiquei em meu *blog – Preta Dotora na Primeira pessoa* – uma carta aberta ressaltando o grave erro cometido pela Festa. Tanto a carta quanto o conceito tiveram grande repercussão na imprensa e viralizaram nas redes sociais, tornando-se marcos para as lutas por representatividade e democratização do mercado editorial brasileiro. No ano seguinte, sob a curadoria da jornalista Josélia Aguiar, a XVI FLIP destacou-se pela participação de mais de 30% de autores negros na programação, assim como pela homenagem a Lima Barreto e Conceição Evaristo, e pelo fato de Lázaro Ramos ter sido o autor mais vendido da edição.

Todo esse movimento continua gerando sementes, entre elas, a campanha pública em prol da eleição de Conceição Evaristo para um assento na Academia Brasileira de Letras em 2018. Apesar do resultado desfavorável, em um país como o nosso, a candidatura e o debate gerados pela reconhecida relevância de uma escritora negra oriunda das classes trabalhadoras são importantes para ressignificarmos o conceito de intelectual através das experiências e saberes de mulheres negras.

Além da literatura, nesse conjunto de textos também é possível acompanhar por meio do sucesso da peça "O pequeno príncipe preto" (2018) e da coroação de Raisa Santana como Miss Universo (2017) o avanço dos debates sobre representatividade negra nas artes e concursos de beleza. Avanços fundamentais para fortalecer a autoestima da população negra, ambos ligam-se tanto ao papel dos movimentos sociais quanto ao aumento de políticas públicas com foco em raça, gênero, classe, sexualidade, durante os governos democráticos (2003-2016).

Carta aberta à Festa Literária Internacional de Paraty
Cadê as Nossas Escritoras Negras na FLIP 2016?

No dia 23 de junho de 2016, participei de um momento mágico, daqueles cujos significado e importância precisaremos de muito tempo para conseguir elaborar. Refiro-me a uma fantástica roda de conversa com diversas Autoras Negras (maiúsculo proposital). Realizada no Terreiro Contemporâneo, no Centro do Rio de Janeiro, a atividade contou com Conceição Evaristo, Cristiane Sobral, Débora Almeida, Elaine Marcelina, Esmeralda Ribeiro, Lia Vieira, Mel Adún, Miriam Alves e muitas outras mulheres negras que com sua vasta produção afirmam, em termos próprios, que o texto escrito pode ser o que quisermos que ele seja.

Em círculo, aprendi com Esmeralda Ribeiro que, para Mulheres Negras, a palavra representa nossa "navalha". E é de posse desta "palavra-navalha" que registro minha indignação frente à ausência de Autoras Negras na programação oficial da Festa Literária Internacional de Paraty 2016.

Em um país de maioria negra e de mulheres, portanto de maioria de mulheres negras, é um absurdo que o principal evento literário do país ignore solenemente a produção literária de autoras como Carmen Faustino, Cidinha da Silva, Elizandra Souza, Jarid Arraes, Jennifer Nascimento, Lívia Natalia e muitas outras. Que, naturalizando o racismo, a curadoria considere que fez sua parte convidando autoras da raça negra que infelizmente não puderam aceitar o convite. A não procura de planos a, b, c diante dessas supostas recusas relaciona-se à falta de compromisso político da

FLIP com múltiplas vozes literárias nacionais e internacionais, conforme destacou a literata negra Cidinha da Silva, autora de *Sobre-viventes,* recém-lançado pela Editora Pallas.

O silenciamento do nosso existir em uma feira que se reivindica cosmopolita, mas está mais para Arraiá da Branquidade, insere-se no passado-presente de escravidão, no qual a mulher negra é representada, vista e tratada como um corpo a ser dissecado. Um pedaço de carne que está no mundo para servir. Um objeto a ser estudado e narrado pelo outro branco. Foi assim com Maria Firmina dos Reis, mulher negra do Maranhão, autora de *Úrsula,* o primeiro romance abolicionista da história do Brasil, datado de 1859 e que, embora reeditado pela Editora Mulheres em 2004, mantém-se desconhecido da maioria das pessoas.

Repetiu-se com Carolina Maria de Jesus, uma mulher negra. Mineira de Sacramento, a autora de *Quarto de despejo: diário de uma favelada,* de 1960, migrou para São Paulo onde trabalhou como empregada doméstica e catadora de papel. Carolina, que considerava "a favela o quarto de despejo da cidade", priorizou em sua pena a humanidade e o cotidiano das pessoas negras. Uma leitura indispensável para se compreender a história das desigualdades de gênero, raça e classe no Brasil. O sucesso de Carolina e a visibilidade de sua obra, traduzida para dezenas de línguas, como o japonês, não possibilitou que a intelectual tivesse sua condição de escritora respeitada, haja vista ter morrido pobre e esquecida pela opinião pública. A narrativa do biógrafo de Clarice Lispector acerca de Carolina como uma "empregada doméstica" "tensa e fora do lugar" representa de forma violenta e emblemática o confinamento das Mulheres Negras às representações racistas.

> Numa foto, ela [Clarice] aparece em pé, ao lado de Carolina Maria de Jesus, negra que escreveu um angustiante livro de

memórias da pobreza brasileira, Quarto de despejo, uma das revelações literárias de 1960. Ao lado da proverbialmente linda Clarice, com a roupa sob medida e os grandes óculos escuros que a faziam parecer uma estrela de cinema, Carolina parece tensa e fora do lugar, como se alguém tivesse arrastado a empregada doméstica de Clarice para dentro do quadro. Ninguém imaginaria que as origens de Clarice fossem ainda mais miseráveis que as de Carolina.

(Benjamim Moser, 2010.)[6]

Em nome desse passado-presente, que também é acionado nas lamúrias da casa-grande frente à tortuosa regulamentação do trabalho doméstico, somos rechaçadas toda vez que assumimos papéis que para nós não foram pensados. No mercado editorial, que segue definindo a autoria como um lugar masculino e branco. Na academia, onde nossas pesquisas são desqualificadas como militantes (como se isso fosse um problema!). Nos editoriais de moda, que insistem em nos violentar com modelos brancas *blackfaces*. No confinamento à favela, à escravidão e ao trabalho doméstico nas telenovelas, salvo exceções que mais confirmam regras do que apontam para transformações. No desrespeito à nossa arte, como temos acompanhado na tentativa racista de boicote ao trabalho de Elza Soares.

A organização da FLIP não assumir como prioridade indispensável a participação de escritoras negras nos cinco dias de evento faz parte do pacote de falas, movimentos e ações conservadoras que têm marcado a macropolítica nacional. O fato de as 17 mulheres convidadas para o palco principal da festa serem brancas é parte de uma mesma obra. Um livro da supremacia branca, que se divide em muitos capítulos estruturados a partir das articulações entre racismo,

---

6   MOSER Benjamin. *Clarice, uma biografia*. Rio de Janeiro: Cosac Naify, 2011.

machismo e transfobia. A composição ministerial do governo de Michel Temer, onde paira a exclusividade de homens brancos, cisgêneros, heterossexuais. As perdas irreparáveis como os cortes no Programa Bolsa Família. A criminalização do aborto. A extinção da Secretaria de Políticas para as Mulheres, da Secretaria de Políticas para a Promoção da Igualdade Racial e da dos Direitos Humanos. Se antes tínhamos pastas autônomas, hoje nossas pautas ficam sob a chancela do Ministério da Justiça e Cidadania, que historicamente trata Mulheres Negras como objeto da lei através de categorias desumanizadoras como "mãe de menor". Em meio a todo este cenário de retrocessos que atingem de forma drástica as mulheres negras do Brasil, a FLIP, ao nos invisibilizar como autoras e produtoras de conhecimentos significativos constitui-se como o epílogo deste livro que bem poderia se chamar *Lições do Brasil Antidemocrático*.

Em uma Festa Literária Internacional que em 2016 traz como tema a mulher, sem, no entanto, considerar a pauta prioritária dos movimentos transfeministas e feministas negros acerca das diversas experiências que definem o que é ser mulher, vemos-nos obrigadas a retomar a pergunta de 1851 da abolicionista afro-americana Soujourner Truth: "e não sou eu uma mulher?" No país em que 93,9% dos autores são brancos e 72,7% homens, a feira que podia representar um contraponto, posiciona-se na linha "mais do mesmo", comunicando para seu público que o ato de ler e escrever não é para o nosso bico. Como uma mulher negra, pesquisadora da escrita e da história das mulheres negras, encerro com Esmeralda Ribeiro: "ser invisível quando não se quer ser" (...) mas "a brincadeira agora é outra". Somos humanas. Somos diversas. Somos visíveis. E como autoras e donas de nossas próprias histórias faremos valer a luta ancestral para que nossa palavra seja impressa, ouvida e respeitada.

Publicado no *blog Conversa de Historiadoras*
em 27 de junho de 2016.

Espelho, espelho meu: Raissa Santana e uma coroa para chamar de nossa

Eu estava sentada no colo de minha avó Leonor, uma das ancestrais na qual ergo minhas costas, quando assisti a Deise Nunes receber a coroa de Miss Brasil, na narração de Silvio Santos. Aquela noite de domingo de 1986 foi diferente de todas as outras. As adultas permitiram que as crianças da casa vissem televisão até mais tarde. Lembro de minha mãe, Sonia (em memória), mudando de tempos em tempos de canal. Buscava mais notícias. A cada pio mirim recebíamos um *psiu* coletivo das pretas do clã. Na segunda-feira, que aprendi desde cedo, tratar-se de "dia de branco" (eta contradição!), a história foi outra. Na hora do recreio, eu, menina de sete anos, educada em uma escola branca do subúrbio, fui a Deise. A brincadeira era outra. A macaca autopromoveu-se Miss Brasil da escola.

Passaram-se três décadas, ou nas palavras da vitoriosa Raissa Santana, um "jejum de trinta anos", até que uma segunda mulher negra conquistasse o título de soberana da beleza. E neste tempo não tivemos domingo, nem dia santo. Tornei-me professora universitária (diga-se de passagem, doutora em história das mulheres e da beleza negra) e assim como eu milhões seguimos lutando cotidianamente em espaços variados, forjando caminhos possíveis para o reconhecimento das belezas de quem somos e das histórias que carregamos.

Em um país em que nós (52% da população) ocupamos a base de todas as estatísticas, ser Miss Brasil importa, como muito bem narrado por Flavia Oliveira. Conquistar a coroa, símbolo político por meio do qual costumamos narrar nossos cabelos, representa uma forma de combate às mortes simbólicas que vivenciamos desde a gestação. Mortes em vida que envolvem "torcida" para que nasçamos com pele mais "clara" e cabelo "melhor", ofensas a cabelos crespos e feições grossas, hipersexualização de corpos, subestimação da capacidade intelectual, perseguição às religiões que praticamos. Agora mesmo estou a auxiliar uma estudante de Pedagogia a encontrar uma instituição de educação formal para realizar seu estágio porque, devido ao turbante e aos fios de contas, que representam sua fé, a jovem já não sabe mais quantas vezes ouviu: "Não há mais vagas".

Evidentemente que por ser quem sou e pelo tipo de trabalho que desenvolvo concordo com a ideia de que os concursos de miss reproduzem machismo, patriarcado e padrões de beleza hegemônicos, que são alcançados à custa de uma série de violências praticadas contra mulheres há séculos. Ao mesmo tempo, por ter a academia – um mundo branco, masculino e eurocêntrico – como lugar de inserção, não desisto de me perguntar: quais os caminhos possíveis para conquista do protagonismo negro em estruturas indiscutivelmente opressoras?

A primeira coisa que me vem à cabeça e com a qual sou absolutamente compromissada é a necessidade de construirmos nossos próprios espaços de formação e representação. O trabalho que realizamos no Grupo de Estudos e Pesquisas Intelectuais Negras UFRJ é um exemplo.

Para que nossos espaços se fortaleçam, se não todas, algumas de nós, precisamos também conquistar visibilidade e reconhecimento nos lugares hegemônicos. Não há como fugir, mas é possível transgredir. Um exemplo recente encontra-se na minha intensa participação como uma das autoras do livro *Mulheres: um século de transformações*, publicação em homenagem ao caderno "Ela", do jornal *O Globo*.

Nas últimas três semanas, minhas noites de quinta-feira foram dedicadas a discutir com a equipe do suplemento e organizadoras da obra os efeitos catastróficos que a nossa invisibilização em um veículo de comunicação de grande porte gera para a comunidade negra: um crime semanal. Há quem acredite tratar-se de perda de tempo, desgaste desnecessário. Por meu turno, penso que há coisas que só nós podemos fazer pela gente mesma. A quem cabe denunciar nossa invisibilização na exposição em homenagem à "mulher brasileira", realizada no Espaço Ipanema? Quem deve proteger a história de Carolina Maria de Jesus, narrando o quão desrespeitoso é escolher retratá-la retirando água de um poço? Em um país racista, em que aprendemos a valorizar a branquidade e rejeitar a negritude, quem, se não nós, para organizar-nos e reivindicar que as redações de jornais contratem profissionais negros?

Após muitos confrontos, na semana seguinte, pudemos ver também Tais Araújo representada na exposição. E é óbvio que este tipo de retratação é insuficiente, mas é um caminho que também precisa ser trilhado. Após a escuta sensível da editora Renata Izaal, saímos de lá comprometidas com a manutenção dos diálogos com o caderno "Ela". Por quê? Somos protagonistas do mercado consumidor brasileiro (em 2014 movimentamos 32 bilhões de reais). Além disso, e não menos importante: como educadora, lembro sempre que é o jornal *O Globo* que chega a todas as bancas. Que é dele que as crianças pretas recortam as imagens para confeccionar os murais das escolas. Que é este o impresso disponível para leitura nos lugares em que trabalhamos, inclusive na casa das patroas.

Transgredir passa por colocar a margem no centro com nossas próprias mãos, questionando noções universais de mulher, raça, beleza e reconhecendo experiências de gênero distintas em cada grupo racial. É muito importante para as novas gerações que mulheres negras, historicamente representadas como puro corpo, sem alma e humanidade, sejam reconhecidas como símbolos de beleza. Nesse sentido, a imagem de Raissa, a baiana de 21 anos (e que representou o estado do Paraná), torna-se um espelho possível para o amanhã.

Não sabemos (nem precisamos) mensurar em número o impacto do primeiro lugar no pódio assim como da presença de seis candidatas negras participando no Miss Brasil 2016, mas devemos estar sensíveis ao fato de que milhões de meninas negras no Brasil tiveram no sábado, dia 01/10/2016, validado o seu direito de sonhar. Isso porque por conta do racismo, estrutura que não criamos, mas a qual estamos sujeitas, esta possibilidade inexiste. Nossas meninas permanecem violentadas, sendo ensinadas a projetar o trabalho doméstico como destino. Seguimos em vigílias noturnas, sem saber ao certo se nossos meninos pretos voltarão para casa.

Eu realmente acredito que fazermos-nos visíveis a partir de nossos corpos e pontos de vista em concursos de beleza, na mídia, no mundo acadêmico e demais espaços de prestígio é de suma importância para combater o extermínio de nossa juventude, a esterilização à revelia de nossos corpos, o encarceramento de nossa comunidade.

Apropriar-nos do potencial político que a categoria de beleza negra evoca significa materializar o ato de lutar para sermos quem quisermos ser, um direito relacionado à nossa história de pertencimento a uma comunidade negra, plural em seus modos de ser, sentir e existir. Não somos todas Raíssa, mas a coroa de Raissa é de todas nós.

Para terminar, a Miss Brasil Raissa por Raissa, já que suas falas estão sendo recortadas para atender a ideais de democracia racial que não nos pertencem:

"Eu estou muito emocionada. Isso aqui é uma mistura de emoções muito grande. Eu não esperava ganhar esse título, mas estou muito feliz por ter conquistado esse título e por poder representar a beleza negra e incentivar meninas que têm o sonho de ter alguma coisa, de conquistar, de ser uma modelo, de ser uma miss Agora, quero incentivar essas meninas e mostrar para elas que elas podem."

Publicado no *blog Conversa de Historiadoras* em 17 de outubro de 2016.

Deu no *New York Times*: o Pequeno Príncipe é preto

Semana passada, recebi um *e-mail* com o seguinte título "Solicitação do New York Times, breve entrevista sobre custo da violência". Meu primeiro sentimento foi: é vírus! Olhei, respirei, mostrei para meu namorado. Fiz todo aquele movimento básico de quem está onde, teoricamente, não era para estar. Lembrar quem sou, minha formação, o lugar que ocupo. Superada essa exaustiva etapa, quando finalmente abri a mensagem, havia um convite. "Gostaríamos de um breve comentário sobre a terceira edição do *Atlas da violência 2018*, publicado pelo FBSP (Fórum Brasileiro de Segurança Pública) em parceria com o IPEA (Instituto de Pesquisa Econômica e Aplicada)". Embora óbvio, o teor do pedido trouxe algo diferente, que me fez aceitar de imediato.

A jornalista Lis Moriconi e o correspondente Ernesto Londono solicitavam que eu comentasse o "custo da violência", enfatizando mais o lado "humano" do que os "números". A especificidade transportou-me a momentos da minha participação no TEDxUFRJ. Nele, com base em dados do CNPq, mostrei que de 258 bolsistas de produtividade mulheres, nível 1 A (o mais alto da carreira), 250 são brancas, 8 negras. Ressignificando o movimento #vidasnegrasimportam para o contexto acadêmico, perguntei-me: quem são? Como será a vida dessas oito acadêmicas? Apesar de tentadora, essa pauta é matéria para outra coluna.

O curioso disso tudo é como o danado do cérebro pratica a simultaneidade, sem percebermos. Enquanto trabalhava convencendo-me de que o convite do *New York Times* era para mim, relembrando o TED, adivinhando quem são minhas oito colegas e pensando na resposta a ser escrita, me lembrei de uma importantíssima missão materna. Retornar à janela aberta no computador (há dias) para finalizar a compra de ingressos para assistir com Peri, meu filho, à peça "O Pequeno Príncipe Preto". Com direção e texto do ator e dramaturgo Rodrigo França, o monólogo, inspirado no livro de Saint-Exupéry, teve pré-estreia carioca no dia 9 de junho, no Festival Trema. Entre outros argumentos que explicam o porquê da adaptação, o protagonista Junior Dantas ressalta: é importante criar "referências positivas" de negritude na literatura infanto-juvenil.

Com a resposta ao jornal norte-americano entregue, permiti-me alguns momentos de pausa. Fui no quarto de Peri, visitei sua prateleira de livros. Peguei, emocionada, o primeiro que comprei. Do tempo em que ele ainda morava na minha barriga e, como costuma dizer, "brincava de escorrega lá dentro". *Ops*, de Marilda Castanha, narra, por meio de lindas imagens, as peripécias de um menino pretinho que vive a vida brincando. Até hoje Peri curte folhear, levar para a escola e ler junto comigo e com o pai a história. Ao ponto de cogitarmos comprar um segundo exemplar, pois moramos em casas diferentes. Fiquei pensando na minha trajetória de mãe negra. Em quantas vezes trabalho nas sessões de análise a importância de diferenciar minha história daquela de meu filho. Um movimento difícil de ser feito. O racismo deixa não somente cicatrizes, mas feridas que não fecham.

Hoje, cada vez que penso em comprar um livro ou brinquedo educativo, antes de colocar no carrinho, pergunto-me: para quem é o presente? Para você ou para seu filho? Na maioria das vezes, a resposta é: para Giovana. É dolorido assumir isso porque me faz reviver uma infância perversa, sem referenciais positivos que me preparassem da melhor forma para responder "o que você quer ser quando crescer?" Mas como nem tudo é preto ou branco, junto com a dor e o complicado desejo de reparar meu passado, vem também a alegria do tempo presente. A felicidade de perceber que Peri constrói, desde os primeiros dias, sua própria história. A de uma criança que gosta de se saber negra, preta, marrom e tantos tons pelos quais se define. Eu, fãzona, aplaudo. O amor próprio do Peri tem a ver não apenas com meu trabalho, do pai, da escola, mas com lutas históricas pela reeducação das relações raciais no nosso país, conforme conta o historiador Amilcar Pereira. Travadas por diversos movimentos sociais negros, tais batalhas desdobram-se em conquistas, atualmente ameaçadas, como a promulgação da Lei 10.639/03, que tornou obrigatório o ensino de história e cultura africana e afro-brasileira.

Segundo dados do *Atlas da Violência*, a taxa de homicídio entre homens negros é de 40,2 para cada 100 mil habitantes, enquanto a de não negros é de 16. Processo essa informação. Na contagem regressiva da chegada de Peri da escola, finalizo a compra dos ingressos. Fecho os olhos. Penso: no país que mata um jovem negro a cada 23 minutos, em cartaz, "O Pequeno Príncipe Preto". Um baita clássico!

Publicado no *Nexo Jornal*
em 11 de junho de 2018.

Viver e morrer de amor no Topo da Montanha

Neste escreviver que abre os trabalhos de 2017, o exercício será dedicado a narrar, sob o ponto de vista de uma historiadora do pós-abolição dos EUA, a linguagem de possibilidades trazida por *O topo da montanha*. Dizendo a que veio, a temporada carioca da peça estreou em 20 de janeiro, dia de Oxóssi, orixá da caça e da fartura. A representatividade negra materializada em corpos e performances dos atores, na expressiva presença de público negro e na mensagem que verdadeiramente tocou minha alma: "quem vive pelo amor, morre pelo amor" levaram-me para muitos lugares.

Lembrei que em janeiro de 2009, assisti à posse do presidente Barack Obama no Centro de Estudantes da New York University. Aos 29 anos. Cheguei lá – minha primeira viagem internacional – para realização de estágio de doutorado sanduíche. O discurso *We Can*, a representatividade da família Obama, o contato com pessoas de todas as partes do mundo, a família dominicana que Janny, "irmã da alma", ofereceu-me, as descobertas gastronômicas, o aprendizado do inglês em uma escola pública para imigrantes, na maioria ilegais, foram experiências que mudariam para sempre o curso do meu rio.

Assistindo ao espetáculo no SESC Ginástico, emocionei-me. Agradeci à minha mãe Sonia por ter me ensinado o sentido mais valioso de intelectual negra: viver com amor. Sonia era uma mulher de amores. Ontem compreendi de forma mais profunda que o amor e a devoção às palavras que vêm da alma constituem-se no principal elo da nossa união.

A peça é estrelada por Taís Araújo e Lázaro Ramos e inspirada no livro de Katori Hall, uma jovem de 25 anos, que transgrediu mitos e verdades, narrando como teria sido o último dia de vida de Martin Luther King. O reverendo afro-americano, líder pacifista dos direitos civis e Prêmio Nobel da Paz, assassinado em 04 de abril de 1968, na cidade de Memphis, na sacada do Hotel Lorraine, aos 39 anos. Um crime legitimado pela política de segregação racial e pela supremacia branca no país.

Pensar na totalidade do texto, com forte investimento no resgate da imagem do Dr. King como um homem comum, repleto de "fraquezas mundanas" e de Camae, a camareira, com um discurso potente de humanidade negra, faz lembrar do texto sagrado "Vivendo de Amor". Nele, a feminista afro-americana bell hooks descreve de forma sublime o ato de curar a comunidade negra através do amor:

> Expressamos amor através da união do sentimento e da ação. Se considerarmos a experiência do povo negro a partir dessa definição, é possível entender porque historicamente muitos se sentiram frustrados como amantes. O sistema escravocrata e as divisões raciais criaram condições muito difíceis para que os negros nutrissem seu crescimento espiritual. Falo de condições difíceis, não impossíveis. Mas precisamos reconhecer que a opressão e a exploração distorcem e impedem nossa capacidade de amar.
>
> (bell hooks.. *"Vivendo de amor".*)[7]

Estar em um teatro carioca, espaço hegemonicamente branco e elitista, conhecendo uma história de protagonismo negro na primeira pessoa é acessar o "templo da justiça", sempre lembrado por King. Olhar para a cadeira ao meu lado e ver um corpo preto igual nas nossas diferen-

---

7. bell hooks.. *Intelectuais Negras*. Revista Estudos Feministas, V.3, nº 2, 1995, p. 454-478. _____. Vivendo de amor. In: Geledes, 2010, s/p

ças é restituir o "verdadeiro significado dos [nossos] princípios". Em uma cidade organizada para desumanizar pessoas negras, cruzar as escadas e receber sorrisos e olhares de cumplicidade da negrada – de gêneros, classes, gerações, sexualidades diversas – é viver de amor.

Na incessante busca pelo "oásis da liberdade", a centralidade do ato de cuidar apareceu em detalhes que passarão em negro para sempre nas nossas lembranças. As boas-vindas contagiantes da atriz e do ator minutos antes de iniciar a peça. A exposição de *tablets* espalhados no saguão exibindo títulos da coleção de documentos históricos "Jornais da Raça Negra". Um lindo caderno interativo, o qual, espera-se, seja preenchido com nomes de figuras negras, referências para as pessoas da plateia. Nomes que poderão, mais adiante, ser incorporados à peça (ops, sem *spoiler*!). A belíssima homenagem em vida à estrela de 94 anos, Dona Ruth Souza, fazendo-nos compreender – em lágrimas – o sentido prático de descer do palco. Tudo isso nos dá força para lutar contra o Alcaçuz nosso de cada dia e chegar às alturas. Como aprendemos com o Dr. King, do topo da montanha, deixaremos "a liberdade soar". Sigamos vivendo de amor!

Publicado no *blog Preta Dotora na Primeira Pessoa* em 21 de janeiro de 2017.

A grafia-graveto de Conceição Evaristo e o incêndio do Museu Nacional

30 de agosto de 2018. As redes sociais acordaram em polvorosa. Contagem regressiva para a votação que se realizaria na Academia Brasileira de Letras. Estava reservado para as 16h o anúncio do nome da pessoa eleita para ocupar a cadeira número sete da instituição. Essas primeiras linhas já revelam algo incomum, inédito na história do Brasil. A eleição para se tornar "imortal", usualmente restrita aos membros da ABL, com sua política de aliados e apadrinhamentos, transformou-se em amplo debate público, envolvendo diversos agentes: mídia, movimentos sociais, universidades, escolas, mercado editorial, redes sociais, público leitor.

Esse novo cenário, impensável há poucos anos, ganhou força por meio das mobilizações para a candidatura da escritora brasileira Conceição Evaristo à vaga. Disparado por um abaixo-assinado com milhares de assinaturas, além de muitos posicionamentos públicos em defesa do nome da autora, o processo trouxe, de novo, à tona discussões sobre conservadorismo, elitismo, machismo e racismo na cultura do país.

Em excelente texto publicado no *Intercept Brasil*[8], podemos acompanhar toda a discussão, desde a mobilização à candidatura, passando pelas expectativas patriarcais frustradas, de discrição e reserva por parte dos membros da ABL. Também é possível mapear bastidores e desfechos que culminaram na eleição do

---

8 Matheus Campos; Paula Bianchi. *"Como Conceição Evaristo perdeu sua cadeira na ABL"*. The Intercept Brasil, 30 de agosto de 2018. Disponível em: https://theintercept.com/2018/08/30/conceicao-evaristo-escritora-negra-eleicao-abl/

cineasta Cacá Diegues para a vaga. De 35 votos, 22 ficaram com o cineasta, 11 com o colecionador Pedro Côrrea do Lago e um com Conceição Evaristo. Distanciando-me de uma perspectiva que reduz a problemática aos mandos e desmandos da Academia, direciono meu texto para iluminar a participação de mulheres negras na história do país de formas criativas e potentes, por meio de uma pergunta central:

"O que levaria determinadas mulheres, nascidas e criadas em ambientes não letrados e, quando muito, semialfabetizados, a romperem com a passividade da leitura e buscarem o movimento da escrita?"[9]

Feita por Conceição Evaristo, esta indagação norteia meu trabalho e reflexões como professora universitária e coordenadora do Grupo Intelectuais Negras UFRJ. É a partir dela que trago pontos exitosos relacionados à candidatura da vencedora do Prêmio Jabuti à ABL.

O fato de alcançar altos níveis de visibilidade e escuta conjugando as identidades de escritora e negra é uma grande vitória individual e coletiva. É impossível pensar a candidatura de Conceição Evaristo e o estardalhaço ao seu redor sem levar em conta transformações recentes. Regulamentação do trabalho doméstico, acesso de pessoas negras às universidades públicas, mudanças no mercado editorial, promulgação da lei 10.639/03.

Esses exemplos, hoje conquistas ameaçadas, evidenciam fissuras cada vez maiores na ideia restrita de "intelectual" como o homem branco, heteronormativo e cisgênero. Demonstram também a inevitabilidade de criarmos novos referenciais para definir o que é saber. Quem tem o direito de autorizá-lo como

---

9 Conceição Evaristo. "Da grafia desenho de minha mãe: os lugares de nascimento da minha escrita". In: Marcos Antônio Alexandre (Org.). *Representações Performáticas Brasileiras: teorias, práticas e suas interfaces*. Belo Horizonte, Mazza Edições, 2007, pp. 16-21.

científico e relevante. Na questão antiga, é necessário lembrar: em um país de maioria de mulheres e negros as formas de produção do conhecimento em espaços de poder continuam baseadas na lógica conhecimento branco *versus* experiência negra. Uma forma perversa de hierarquizar sujeitos e saberes. Como afirma Grada Kilomba: "não estamos lidando com uma 'coexistência pacífica de palavras' mas com uma hierarquia violenta, que define quem pode falar e quem pode produzir conhecimentos".

Nessa "hierarquia violenta", o ar se renova quando acompanhamos o poder de transformação embutido em histórias como as de Conceição Evaristo. Uma escritora brasileira que, além de promover aproximações revolucionárias entre academia, escola, movimentos sociais, ousa grafar prêmios, títulos e sua própria biografia com um instrumento invisibilizado. O graveto herdado de sua mãe, D. Joana Josefina Evaristo:

> O lápis era um graveto, quase sempre em forma de uma forquilha, e o papel era a terra lamacenta, rente as suas pernas abertas. Mãe se abaixava, mas antes cuidadosamente ajuntava e enrolava a saia, para prendê-la entre as coxas e o ventre. E de cócoras, com parte do corpo quase alisando a umidade do chão, ela desenhava um grande sol, cheio de infinitas pernas. Era um gesto solene, que acontecia sempre acompanhado pelo olhar e pela postura cúmplice das filhas, eu e minhas irmãs, todas nós ainda meninas. Era um ritual de uma escrita composta de múltiplos gestos, em que todo corpo dela se movimentava e não só os dedos. E os nossos corpos também, que se deslocavam no espaço acompanhando os passos de mãe em direção à página-chão em que o sol seria escrito. Aquele gesto de movimento-grafia era uma simpatia para chamar o sol. Fazia-se a estrela no chão.

Como diria Carolina Maria de Jesus: "Muito bem, Conceição Evaristo!"

***

Após a entrega deste texto, soube do trágico incêndio que destruiu o Museu Nacional da Universidade Federal do Rio de Janeiro, domingo, 2 de setembro. Como professora da instituição, educadora, mãe e cidadã brasileira, deixo registrado meu apoio, acreditando sempre que muitas histórias importam.

Eu não sei bem o que escrever, mas também não quero ficar em silêncio. O Museu Nacional da UFRJ pegou fogo. Fogo, cara! A despeito de todo o acervo, o que é uma perda que nem temos ainda como avaliar, esta instituição – paradoxalmente – faz parte da vida das classes trabalhadoras da cidade. Paradoxalmente porque museus são geralmente pensados e narrados como espaços das elites, mas o Museu Nacional tem também uma "outra história" de insubmissão. Nas ocasiões em que estudei e trabalhei na instituição (fiz matérias no mestrado e doutorado, fui mediadora de uma exposição). Eu adorava ver as pessoas pobres na Quinta da Boa Vista. As crianças conversando com os dinossauros (no passado eu fui uma dessas), as famílias estendendo toalhas e arrumando seus farnéis próximo à imponente porta de entrada. Camelôs movimentando a cena com balões, guaravitas e outros itens "de pobre". A história da instituição carrega muito do nosso tempo presente. O Programa de Pós-Graduação em Antropologia, referência internacional de pesquisa, foi pioneiro em implantar o sistema de cotas na pós-graduação para negros e indígenas na UFRJ. Diariamente, centenas de crianças de escolas públicas visitam o Museu e se encantam com dinossauros, borboletas, ossadas, fósseis. Para muitas delas é o primeiro e infelizmente o único contato com a história da ciência acadêmica no Brasil. Que as autoridades atentem para este grave problema sem culpar indivíduos, trabalhadores precarizados, mas reconhecendo e trabalhando para combater o caos em que o país e nossa educação se encontram.

Olho agora para o registro de um sábado em que meu filho com seus amigos apaixonaram-se pelos primeiros habitantes da terra. Dali em diante, mães e pais da EEI-UFRJ tiveram de criar muitas perguntas e respostas porque educação é isto: movimento, vida, pessoas. Sou grata por ter estudado na instituição. Lá aprendi como a antropologia criminalizou e patologizou negros e indígenas. Aprendi também a desenvolver ferramentas que mostram como estes povos seguem se reinventando. E o mais importante: fiz muitos amigos, que, hoje doutores, assim como eu lutam para transformar o Brasil em um país democrático.

Publicado no *Nexo Jornal*
em 03 de setembro de 2018.

Conceição Evaristo: abrindo novos parágrafos na história do Brasil

Em 26 de abril de 2018, a Academia Brasileira de Letras declarou vaga a cadeira de número 7, ocupada por Nelson Pereira dos Santos. Em poucos dias, vimos a emergência de um fato inédito na história do Brasil: o nascimento de expressivo debate público sobre qual o melhor nome para se tornar uma ou um "imortal". Destaca-se na mobilização, gestada pelo grupo Diálogos Insubmissos de Mulheres Negras, de Salvador, o lançamento de #ConceiçãoEvaristoNaABL. Trata-se de campanha que conta com um abaixo-assinado para que a escritora mineira, reconhecida nacional e internacionalmente, tome assento na cadeira vaga.

Em menos de duas semanas de circulação, tal iniciativa superou a meta inicial de 10 mil assinantes. Isso faz crer que, independentemente dos futuros resultados, o movimento em prol da escolha de Conceição Evaristo para integrar a galeria de imortais já pode ser considerado um tremendo sucesso. Por quê? Por tornar visível uma pergunta que raríssimas vezes fazemos: quais são os critérios para ser "imortalizada" em um país assentado na distribuição desigual de conhecimento como natural?

A ausência dessa indagação, a não participação da população em pleitos realizados em espaços como a Academia Brasileira de Letras, a pouquíssima ingerência que a comunidade científica possui para decidir sobre representantes nos assentos de agências de fomento à pesquisa e o medo que estudantes pobres de escolas públicas têm de entrar em museus que guardam a "memória nacional" são exemplos de um letramento restritivo, praticado desde o período colonial. Nele, destaca-se uma história única da intelectualidade, na qual o conhecimento é monopólio da elite brasileira, dotada pelos superpoderes da palavra escrita. Essa cultura que transforma direito em privilégio explica o fato de, em 1872, 84% da população brasileira ser analfabeta, de acordo com dados do primeiro Censo Nacional.

Ao reconhecer a relevância do argumento centrado na representatividade de gênero e raça na ABL, registro meu apoio à bem-sucedida campanha. Em acréscimo, gostaria de trazer elementos que caracterizam Conceição Evaristo como grande pensadora brasileira.

No duplo lugar de fã e docente de uma Faculdade de Educação, já tive oportunidade de ouvi-la diversas vezes contar sua trajetória como professora da educação básica pública na rede municipal do Rio de Janeiro. Entre outras homenagens, uma que me marcou foi a ilustração dessa narrativa na XVI Festa Literária de Paraty. Na conferência de encerramento "Amadas", pudemos ver no telão a fotografia da autora com uma de suas turmas, durante festa na escola em que lecionava. Quando olhei a imagem, cuidadosamente escolhida, não por acaso, pela escritora Ana Maria Gonçalves, lembrei de uma situação que já se tornou lugar comum: ouvir estudantes universitários alegarem que cursam a licenciatura "apesar de odiarem a ideia de ser professores".

Em meio às hierarquias entre ensinar e escrever, percebe-se que o argumento da relevância da obra de uma professora e escritora aparece poucas vezes no debate que se tem construído sobre a candidatura. Nesse sentido, torna-se mais do que oportuno abrir novos parágrafos para escrever a história do Brasil.

Tal abertura passa por biografar Conceição Evaristo como autora proveniente da classe trabalhadora. Uma mulher brasileira que conjugou a formação acadêmica individual – tornando-se doutora em Literatura Comparada –, com o trabalho docente na sala de aula da educação básica pública. Isso é essencial porque estamos em um país no qual a profissão docente é a mais desvalorizada. Fator, aliás, que explica a rejeição a seu nome e ao da também professora Maria Firmina dos Reis, autora do primeiro romance abolicionista brasileiro, como candidatas habilitadas ao reconhecimento como "imortais".

Insistindo em novos parágrafos, para nos afastarmos de perspectivas essencialistas e desrespeitosas, que reduzem todo o processo a "mendigar" uma vaga, é importante manter a cuca fresca. Para isso vale lembrar que Conceição Evaristo já é uma profissional consagrada por seu brilhante trabalho. A eleição para a ABL será um reconhecimento muito importante, mas bem distante de ser o divisor de águas de sua rica biografia.

Encerro lembrando de eventos aparentemente desconexos, ligados ao desafio de conciliar em uma mesma agenda reconhecimento e restituição de direitos humanos. O primeiro refere-se a Edward Thompson, autor de *A formação da classe operária inglesa*. Historiador "imortalizado" como grande acadêmico por reconhecer publicamente o papel que a docência na Educação para Jovens e Adultos desempenhou no seu pensamento. Já o segundo é "Made in Brazil". Em 2013, ganhou forma o litígio da pesquisadora Priscila Néri com o Conselho Editorial da Wikipédia, que, inicialmente, vetou a publicação de verbete biográfico de Claudia Ferreira da Silva. Ela foi uma trabalhadora, chefa de família, assassinada em 2013, arrastada por uma viatura da Polícia Militar, no morro da Congonha, zona norte do Rio de Janeiro.

Para sustentar a defesa sobre o não direito a ter sua história contada em um verbete, argumentou um dos conselheiros: Claudia "é conhecida por um evento único", por isso "não é notória". Depois de muita briga, a plataforma autorizou a publicação de texto, desde que intitulado "o caso Claudia Ferreira da Silva". Por

fim, o terceiro episódio relaciona-se à incrível Luiza Brasil. Após um encontro que considerou marcante, a colunista publicou em suas redes uma fotografia, que trazia a seguinte pergunta, da própria Conceição Evaristo: "a Academia Brasileira de Letras está preparada para reeducar nossas formas de letramento?"
#ConceiçãoEvaristoNaABL

Publicado no *Nexo Jornal* em 14 de maio de 2018.

#escrevivênciaacadêmica

De acordo com dados do Censo Nacional de Professores da Educação Superior, menos de 0,4% das doutoras que atuam em programas de pós-graduação no Brasil são mulheres negras. Do mesmo modo, estatísticas do Conselho Nacional de Desenvolvimento Científico e Tecnológico (CNPq) evidenciam que somos contempladas com menos de 0,1% das bolsas de incentivo à pesquisa na carreira do magistério superior. Esse cenário de preterimento da ciência é um grave problema ligado à história de desigualdades e exclusões em que se fundamenta o Brasil. Um problema presente em todas as universidades e que impacta diretamente a vida de milhões de estudantes, que, em vez de princípios de diversidade, são treinados para o mercado de trabalho através de uma ciência branca, masculina, heteronormativa, pretensamente universal.

Ao mesmo tempo que essa formação restritiva predomina, com as políticas de expansão e democratização das universidades dos anos 2000, é inevitável reconhecer que "os sentidos de academia estão em disputa".

Dita em aulas, cursos, palestras, entrevistas, essa afirmação é produto de observações e reflexões sistemáticas sobre os bastidores do mundo universitário, como professora, ativista, historiadora. Assim, em meio a silêncios e conservadorismos, esse conjunto de textos coloca luz em novas formas de produção científica, localizadas nos saberes de mulheres negras. Conhecimentos ligados à memória, oralidade, histórias, trajetórias familiares e demais narrativas das classes trabalhadoras, desqualificadas pela *mainstream*. Menos do que resposta ao racismo institucional, essa nova epistemologia insere-se no desafio de colocar em prática projetos acadêmicos autônomos aos referenciais da ciência hegemônica.

Ciência, lugar de fala e mulheres negras na academia

Há pouco mais de mês um recebi convite para participar de uma banca de defesa de dissertação de mestrado. O título "Elza Soares: gênero e relações étnico-raciais na música popular brasileira e no ensino de história" e o fato de a autora, Juliana Videira, ser estudante da Unicamp, no Mestrado Profissional em Ensino de História, remeteram-me às mudanças que mulheres negras temos promovido no Brasil. Guiaram-me também ao meu passado como doutoranda da mesma universidade. Em 2006, na linha de pesquisa de história social da cultura, referência mundial em estudos sobre a escravidão no Brasil e nas Américas, eu fui a única estudante negra aprovada no processo seletivo.

A essa altura, tendo vindo da UFF e UFRJ, centros de excelência da produção acadêmica brasileira, ser a única não era novidade. Entretanto, em pouco tempo descobri o quanto a experiência de estudar em uma instituição pública de elite, enraizada no interior de São Paulo, marcaria a minha vida e a construção de minha identidade profissional. Nos anos em que por lá estive, foram muitos episódios de racismo, experimentados com outros colegas negros que começavam assim como eu a chegar na pós-graduação. Entre tantos, lembro do dia em que apresentei à turma meu projeto de pesquisa ritual obrigatório na linha de investigação à qual pertencia.

Os comentários de mestrandos e doutorandos brancos sobre como o texto "estava mal escrito e poderia melhorar" e como "estudar concursos de beleza negra no pós-abolição" era algo "fútil e irrelevante" fizeram-me entender o abismo entre teoria e prática na história social da cultura e do trabalho. Ao mesmo tempo em que referenciavam pesquisas nas premissas de Edward Thompson acerca da importância de visibilizar as experiências e o protagonismo das classes trabalhadoras, operavam, para usar uma expressão do próprio historiador inglês, na mais absoluta "miséria da teoria" para o desenvolvimento de suas pesquisas, supostamente neutras.

Sempre soube que situações como essa, de silenciamento e desqualificação dos modos de fazer e pensar de pessoas negras, são parte do privilégio epistêmico. Somadas ao descaso de professores e gestores da instituição e à capacidade de reinvenção de estudantes negros, tais histórias de violência foram decisivas para criação dos primeiros coletivos universitários naquele espaço, como o Negros do IFCH (Instituto de Filosofia e Ciências Humanas).

Inevitável rememorar esse importante e doloroso trajeto lendo as recentes notícias sobre pichações racistas nos muros da Unicamp, onde, em 14 de março de 2012, tornei-me doutora: "Aki não é senzala. Tirem os pretos da Unicamp já" é o *"abstract"* das barreiras impostas a jovens negros que desbravam a carreira acadêmica no Brasil. Ao repassar esse filme, articulei estatísticas do acesso à educação superior a episódios que protagonizo como professora da UFRJ. Tal articulação permite discutir as relações entre ciência, lugar de fala e mulheres negras na universidade, nesse tempo em que a pesquisa se encontra seriamente ameaçada no Brasil. Entre 2005 e 2016, cresceu de 5,5% para 12,8% o número de estudantes negros nas universidades públicas do país, culminando na emergência de novas agendas de pesquisa. Nelas destacam-se: a importância de valorizar trajetórias individuais e coletivas, subjetividades, narrativas na primeira pessoa.

Essa virada fica evidente na oferta da disciplina "Educação,

Gênero e Estudos Pós-coloniais" no Programa de Pós-Graduação em Educação da UFRJ no primeiro semestre de 2018. O curso, de minha autoria, reuniu 50 estudantes de mestrado e doutorado em busca de caminhos para fazer pesquisas baseadas em conhecimentos de grupos invisibilizados. Também insere-se nesse contexto de transformações, em um intervalo de três dias, ter participado, em dois grupos distintos, de debates sobre o livro *O que é lugar de fala?*, da filósofa Djamila Ribeiro.

O primeiro momento deu-se no evento "Diálogos", promovido mensalmente pelo Grupo Intelectuais Negras UFRJ. Um projeto que congrega centenas de mulheres negras interessadas em conhecer o pensamento de autoras silenciadas nos currículos hegemônicos. O segundo ocorreu na aula de Prática de Ensino de História na mesma universidade. Através da pergunta "Qual é a importância do conceito de lugar de fala na educação básica?" futuros professores conversaram sobre mídia, poder, machismo, racismo, desigualdades. Além disso, na condição de integrantes das classes trabalhadoras, narraram incômodos e discordâncias com formas de produção de conhecimento hegemônicas pelas quais não se sentem representados.

Em recusa à perspectiva de neutralidade e afastamento entre sujeito e objeto, a turma identifiocu-se com a proposta de Djamila Ribeiro de reposicionar mulheres negras como sujeitos políticos autônomos. Manifestaram interesse em aumentar o contato com a produção de pensadoras como Grada Kilomba, Lélia Gonzalez, Sueli Carneiro. Intelectuais negras que lamentaram conhecer somente agora, no último ano da graduação. Se soubessem delas antes "poderiam ter evitado uma série de situações". Perto das 22 horas, encerramos a aula. Animados, fizemos um registro fotográfico no qual cada um exibia orgulhosamente seu exemplar do livro.

De formas distintas as duas cenas, transcorridas no Instituto de Filosofia e Ciências Sociais da UFRJ, prédio onde nasceu o famoso Manifesto Anticotas dos anos 2000, revelam novos tempos marcados por disputas de narrativas sobre o que é ciência. Ambos os exemplos também possibilitam pontos de aproximação com os debates propostos por Flavia Oliveira na coluna "A agenda das negras é tudo"[10]. Tanto as participantes do Intelectuais Negras Diálogos como os jovens universitários da licenciatura movimentaram-se a partir da ideia da jornalista: "resolver as demandas das mulheres negras é resolver o problema do Brasil". E a solução do problema passa por produzir novas epistemologias baseadas na localização dos sujeitos produtores de conhecimento.

Em meio à tamanha efervescência, o mesmo IFCS-UFRJ, nos dias 22 e 23 de agosto será palco do I Seminário Ciência para o Negro. Organizado pelo Programa de Educação Tutorial Conexões de Saberes Diversidade, o evento promoverá discussões relacionadas à descolonização do conhecimento acadêmico. Serão apresentados resultados parciais das pesquisas desenvolvidas por 12 bolsistas do programa.

Encerro com uma reflexão tecida na volta para casa, depois do encontro Diálogos:

> Você pode substituir Mulheres Negras como objeto de estudo por Mulheres Negras contando suas próprias histórias não é uma interdição às pessoas brancas. É sobre nós. É sobre a importância de localizar saberes e fazer ciência partindo dos lugares de fala de intelectuais negras. Obrigada de coração às minhas orientandas. Jovens brilhantes, que

---

10 Flavia Oliveira, coluna jornal *O Globo*, 17 de agosto de 2018. Disponível em: https://oglobo.globo.com/opiniao/a-agenda-das-negras-tudo-22985086

ao trilharem a carreira acadêmica demonstram que a era das exceções, pela qual eu fui formada, começa a ruir. Obrigada também às pessoas, na maioria mulheres negras, que, sabe-se lá como, forjaram tempo para uma terceira, quarta, quinta jornada de trabalho na nossa companhia porque confiam na gente.

#CiênciaparaoNegro #IntelectuaisNegrasVisíveis

Publicado no *Nexo Jornal*
em 21 de agosto de 2018.

Por que só 0,4% das professoras doutoras na pós-graduação do Brasil são negras?

Esta semana o portal Gênero e Número publicou o "Retrato da pós-graduação no Brasil". De acordo com dados coletados no Censo da Educação Superior (2016), 10 mil professoras doutoras atuando em programas de pós-graduação são brancas, enquanto 219 são mulheres negras (0,4% pretas). Na mesma semana em que a matéria foi divulgada, a socióloga afro-americana Patricia Hill Collins, autora do importantíssimo livro *The Black Feminist Thought*, encerrava a estadia de 15 dias, no Rio de Janeiro, no âmbito do projeto Fulbright Specialist.

A extensa agenda da professora da Universidade de Maryland incluiu um encontro com feministas negras, organizado por pesquisadoras da ONG Criola, entre as quais Lucia Xavier e Luciene Lacerda, precursoras das organizações de mulheres negras no país. Envolveu também um curso de formação para estudantes de graduação sobre feminismos negros e interseccionalidade, e a realização da conferência "Interseccionalidade, desigualdade e justiça social", ações de fôlego promovidas na PUC-Rio, com acompanhamento da professora doutora Thula Pires, da Faculdade de Direito da universidade. Embora seja uma das principais teóricas feministas mundiais, doutora Patricia e sua missão de pesquisa na cidade maravilhosa ficaram de fora das coberturas jornalísticas de cadernos literários e programas da grande mídia.

O silêncio acerca da visita da acadêmica e a sub-representatividade de doutoras negras nos programas de pós inserem-se em um mesmo processo: o de apagamento do trabalho intelectual de mulheres negras, marcante na história da produção científica e literária do país. Lembremos de Maria Firmina dos Reis, que publicou em 1859 nosso primeiro romance abolicionista. Um pioneirismo desconsiderado na cronologia oficial da literatura brasileira. Da resistência em reconhecer Carolina Maria de Jesus como pensadora social, sem confiná-la ao lugar de "ex-catadora de lixo". Do apagamento da obra de Vírginia Leone Bicudo, cientista política e pioneira da psicanálise no Brasil. Autora da dissertação de mestrado "Atitudes raciais de pretos e mulatos em São Paulo", a socióloga foi uma das principais referências para o desenvolvimento das pesquisas de Florestan Fernandes e Roger Bastide, no projeto Unesco, nos anos 1950. Do uso da palavra "intimidação" para descrever o sentimento da Academia Brasileira de Letras frente à campanha #ConceiçãoEvaristoNaABL. Vamos, por fim, lembrar da ferida, sem perspectiva de cura, representada pela execução, em março de 2018, da vereadora Marielle Franco. Autonomeada, "preta, lésbica e favelada".

Para além da constatação de que o Brasil é um país racista, machista e patriarcal, essas histórias de apagamento e desqualificação representam uma dupla face de invisibilização e protagonismo. De um lado, silencia-se a produção científica de intelectuais negras na academia, hierarquizando saberes através de uma noção preconceituosa de militância. Por outro, cresce nosso protagonismo nas redes sociais, no mercado editorial, na política institucional. Mais do que nunca, as palavras de Lélia Gonzalez, teórica feminista negra celebrada durante a conferência da doutora Patricia Hill Collins, são providenciais. Uma flecha certeira de que os herdeiros do Brasil, sem muito sucesso, tentam se desviar:

"Na medida em que nós negros estamos na lata de lixo da sociedade brasileira, pois assim o determina a lógica da dominação (...). O risco que assumimos aqui é o do ato de falar com todas as implicações. Exatamente porque temos sido falados, infantilizados (...) que neste trabalho assumimos nossa própria fala. Ou seja, o lixo vai falar, e numa boa."

Publicado no *Nexo Jornal*
em 25 de junho de 2018.

Intelectual Negra sim.
Por que não?

Este texto inicia-se durante um voo aos EUA para realizar uma palestra em Harvard University no seminário "Afrodescendentes no Brasil: realizações, desafios presentes e perspectivas para o futuro", ocorrido nos dias 27 e 28 de abril. Organizado pelos professores Sidney Chalhoub e Ana Flavia Magalhães Pinto no âmbito do Afro-Latin American Research Institute, no Hutchins Center, o evento constitui-se em um marco, pois reuniu mais de 30 intelectuais brasileiros, na sua maioria negros, para discutir a conjuntura política do país e elaborar propostas que fortaleçam a pauta da equidade racial na Década – proclamada pela ONU – dos Afrodescendentes.

Voltar aos EUA como professora universitária dez anos depois de meu estágio de doutorado sanduíche, supervisionado pela historiadora Barbara Weinstein, na New York University, provocou muitas revoluções internas, que me fazem refletir sobre a importância de levar para público mais amplo o *backstage* da academia. Para isso, tendo como referência aspectos relacionados à minha rotina docente e às narrativas de estudantes de graduação que participam do curso Intelectuais Negras pergunto: quem tem o direito de ser reconhecido como intelectual no Brasil? Como as intersecções de gênero, raça e classe colocam-se no espaço acadêmico e na produção científica?

Para mulheres negras, ocupar o espaço acadêmico é um processo complexo de desestabilização do imaginário de nascidas para servir". No país onde mais de 80% das trabalhadoras domésticas são negras, costumo gastar muito tempo estudando e criando metodologias para despertar em estudantes negras a percepção de que são intelectuais - acadêmicas em formação.

No primeiro dia de aula do curso Intelectuais Negras, peço que todas que se sintam à vontade coloquem em prática um dos principais conceitos do feminismo negro: "autonomeação", discutido por Djamila Ribeiro no Brasil, Patricia Collins nos EUA. Para isso, todas são convidadas a se apresentar através da frase: "eu sou uma intelectual negra porque...". Esse é um momento de muita emoção. Marcado por abraços, lágrimas, lenços de papel, que circulam pela sala. Por mais que brotem lindas narrativas sobre avós e mães repletas de beleza, força e inteligência, a potência dessas mulheres vai perdendo espaço para "mas, professora, não consigo me ver assim". "Eu sou a primeira da família a entrar na universidade". "Minha mãe é empregada doméstica". "Não conheço meu pai". "Minha avó não sabe ler". "Não sei falar inglês". "Tenho muita dificuldade de escrever". "Nunca viajei para fora". "Na minha casa não tem biblioteca". "Não consigo ler em casa porque tem muito barulho". "O professor disse que não adianta estudar que eu vou ser balconista".

O fato de ser professora universitária reconfigura os limites para reconhecimento de minha intelectualidade em outras bases. Lembro de quatro episódios marcantes envolvendo docentes brancas que ilustram essa diferenciação. O primeiro foi quando meu pedido de credenciamento em um dos programas de pós-graduação em que atuo foi aprovado. Ganhei parabéns de uma colega, seguido de um "ainda bem, pois existe uma demanda reprimida de estudantes que procuram o programa para estudar relações raciais". O segundo ocorreu durante a realização do concurso público através do qual me tornei professora da UFRJ. A banca indagava-me: "Excelente seu currículo, no entanto, do que mais você sabe falar além de reeducação das relações raciais?" Já o terceiro, deu-se em uma conferência realizada na Faculdade de Direito da UFRJ. Uma professora comentava sobre sua disponibilidade em orientar os trabalhos de estudantes negras, rotineiramente desqualificadas em seus propósitos acadêmicos. A doutora explicava "como eu não sou especialista em raça sempre peço 'ajuda' a uma colega negra de outra universidade que trabalha com 'estas' questões para orientar 'minhas' alunas". Por fim, a última história refere-se à "abordagem" de um funcionário da universidade. Numa noite em que realizamos o Intelectuais Negras Diálogos, encontro que reúne em torno de 150 mulheres negras para debater o pensamento feminino negro, o profissional perguntou-me: "vocês vieram para o grupo de autoajuda de usuárias de drogas?" (sim, escutam-se coisas como essa e até piores nas universidades públicas).

Os quatro episódios, corriqueiros em meu ambiente de trabalho, associam-se ao que bell hooks conceituou como o "complexo serva-senhora" que rege as relações entre acadêmicas negras e brancas e também ao que Cornel West[11] intitulou "dilema do intelectual negro".

Esse dilema é caracterizado por uma série de inquietações que vão desde a dificuldade que pessoas, em especial mulheres negras, possuem de valorizar seu trabalho mental como relevante. Esse bloqueio é consequência direta da memória da escravidão já que em todos os espaços somos, em algum momento, enxergadas pelas vias de erotização, sexualização e objetificação.

Outra dificuldade reside em conseguir localizar nossos saberes dentro do *mainstream* acadêmico, estruturado pelo discurso fictício da neutralidade científica. A narrativa de uma ciência válida e legítima por ser neutra torna alvo de desconfiança e descrédito projetos acadêmicos que assumam o papel que a subjetividade desempenha na produção científica.

---

11 Cornel West. **O dilema do intelectual negro**. In: The Cornel West: reader. Basic Civitas Books, 1999, pp. 302-315. (Tradução e notas de Braulino Pereira de Santana, Guacira Cavalcante e Marco Aurélio Souza). Disponível em: https://www.scribd.com/document/216682878/O--Dilema-Do-Intelectual-Negro-Cornel-West

Conceição Evaristo chama essa relação entre subjetivo e objetivo "escrevivência". Isto é, o texto que você escreve carrega necessariamente quem você é, ensina a mestra.

Em pesquisa com indicadores sociais dos Ministérios da Educação e da Ciência e Tecnologia, a socióloga Joselina da Silva quantificou que, em 2005, dos 63.234 docentes universitários do Brasil, apenas 231 eram professoras universitárias doutoras negras. Tais dados coincidem com as narrativas de minhas estudantes desidentificadas com a carreira intelectual. O que fazer diante de falas e estatísticas tão alarmantes? Como disse durante o painel, que tive a honra de dividir com as professoras Janaína Damaceno e Eliane Cavalleiro, "dar sustentabilidade ao trabalho de reposicionar as narrativas de mulheres negras das margens para o centro da produção acadêmica é trabalhar para reeducar as relações de gênero e raça no Brasil".

Para isso, acredito que vale revisitar a frase de Audre Lorde. "Não podemos desmantelar a casa-grande com as ferramentas do senhor". Se desmantelar é inviável, ocupar o centro da narrativa, apropriando-nos dessas ferramentas mostra-se essencial. Intelectual negra, sim. Por que não?

Publicado no *Nexo Jornal* em 30 de abril de 2018 como
"Vocês vieram para o grupo de autoajuda de usuárias de drogas?"

20 de novembro: com Ciência Negra

> A boca é um órgão muito especial, ela simboliza a fala e a enunciação. No âmbito do racismo a boca torna-se o órgão da opressão por excelência, ela representa o órgão que os (as) brancos (as) querem – e precisam – controlar e, consequentemente o órgão que, historicamente, tem sido severamente repreendido.
>
> Grada Kilomba, 2010.[12]

Em pesquisa recente organizada pela Associação de Docentes da Universidade Federal do Rio de Janeiro, constata-se que apenas 3% dos professores da UFRJ declaram-se como pretos e pardos. Dados similares foram apontados pelo censo racial de docentes promovido pelo Coletivo Estudantil Nuvem Negra na PUC-Rio, dentro da campanha Quantos Professores Negros Você tem? Em seu trabalho, a socióloga Joselina da Silva identificou, com base em pesquisa quantitativa no SINAES e no INEP, que, em 2005, dos 63.234 professores universitários do Brasil, somente 251 eram mulheres negras. Frente a esses dados pouco discutidos pela comunidade científica e diante da necessidade de não retroceder, no mês da Consciência Negra, dedico meu texto a uma "escrita de nós". Isso para dimensionar a importância que a formação acadêmica deve ocupar na vida das pessoas negras como parte de um projeto coletivo de autonomia e liberdade que passa pela educação como direito humano.

---

12 Grada Kilomba. *Plantation Memories:* Episodes Everyday Racism, Münster: Unrast Verlag, 2010).

Quando o assunto é representatividade negra, a comunidade acadêmica, hegemonicamente branca, é marcada por um enorme abismo entre teoria e prática. No caso da História como área de conhecimento, por mais que as pesquisas avancem nas conclusões e conceitos em termos de protagonismo estamos bem distantes da equidade racial. Basta olhar a composição de comissões organizadoras de eventos, comitês científicos de agências de fomento às pesquisas, bancas de concursos públicos, assentos em cargos de gestão universitária.

Em todos esses espaços, segue-se o baile com uma maioria de acadêmicos brancos produzindo dados e pesquisas sobre o negro, numa espécie de destino natural. Essa configuração branco realizador + negro executor impede que estudantes dos dois grupos raciais tenham acesso às diversas formas de produção de conhecimento científico, reforçando a história única.

Para transgredir essa fixação de sentidos, precisamos prover universitários negros dos subsídios para assumir e fortalecer o lugar de acadêmicos. Isso se associa às perspectivas de Eduardo de Oliveira e Oliveira em "De uma ciência para e não tanto sobre o negro"[13], texto no qual o sociólogo defende a importância de que acadêmicos negros interpretem e produzam conhecimentos sobre experiências negras ferramentas científicas próprias. É a partir desse caminho que o intelectual, silenciado nos currículos hegemônicos, cunha o conceito de "ciência para o negro".

O conceito de Eduardo assim como o de "escrevivência", de Conceição Evaristo inspiram as ações que na UFRJ. Em trabalho pioneiro de cruzamento dessas categorias, materializo uma agenda científica inovadora, focada na juventude negra e na potência das intersecções entre subjetividade e objetividade.

---

13 Eduardo de Oliveira e Oliveira. **De uma ciência Para e não tanto sobre o negro.** 1977c. São Carlos: Coleção EOO/UEIM- UFSCAR, Série Produção Intelectual.

Essa tomada de posição materializa-se em iniciativas que conduzo como a disciplina Intelectuais Negras. Um curso de graduação no qual durante todo o semestre lemos e discutimos autoras negras brasileiras. Na coordenação do Programa de Educação Tutorial Conexões de Saberes Diversidade, que conta com a participação de 12 bolsistas de graduação negros e cotistas. No Grupo Intelectuais Negras, que promove ações de ensino, pesquisa e extensão através de conhecimentos orais e escritos de mulheres negras. Este último desdobrando-se em resultados como o catálogo *Intelectuais Negras Visíveis*, publicação que reúne 181 profissionais de diferentes áreas de atuação e regiões brasileiras.

A tarefa de construir uma agenda acadêmica negra na universidade pública é complexa e se relaciona à afirmação de Conceição Evaristo de que "nossa fala estilhaça a máscara do silêncio". Se hoje as novas gerações conseguem chegar à academia, ainda que em condições de permanência absolutamente precárias e questionáveis, os desafios postos para sustentar o #nenhumpassoamenos são gigantescos.

Nesse 20 de novembro, as palavras de uma estudante da UFRJ nos encorajam a aprimorar a arte de falar pelos estilhaços da máscara:

> Qual a importância da formação acadêmica em sua vida?
> Como a primeira pessoa da minha família a entrar numa universidade pública, a formação acadêmica na minha vida representa a possibilidade de poder ser. Independente daquilo que faço ou estudo, para os meus pais, desde que eu esteja feliz, o meu entrar na UFRJ foi um marco de que podemos ser o que quisermos ser. Embora todo o sistema social funcione para impedir pessoas negras e faveladas de alcançarem altos cargos e tenha conseguido atrapalhar o sonho da minha mãe, por exemplo, de terminar o ensino

médio e ingressar numa faculdade, meus pais me apoiaram durante toda a minha vida e se transformaram no mais forte alicerce que eu podia ter para buscar ir além. Ir além do esperado para pessoas como eu, ir além das estatísticas e das expectativas. A formação acadêmica desempenha na minha vida o afago que a minha família ansiava. O suspiro por ter construído novos passos. A esperança de alcançar lugares inimagináveis pelos meus antepassados, não tão distantes. É um romper de silêncios e uma fabricação de chaves que abram portas de oportunidades para os que não se veem capazes de simplesmente ser o que quiserem ser.

Publicado no *blog Conversa de Historiadoras* em 20 de novembro de 2017.

Quem narra faz toda a diferença: ciência para o negro na UFRJ

2017 chegou ao fim. Meu coração em festa pelos 3 anos de existência da disciplina Intelectuais Negras, na UFRJ. Trata-se de disciplina eletiva de que estudantes de graduação de qualquer curso e universidade podem participar. De minha autoria, a proposta foi inspirada pelo marcante convívio com Azoilda Loretto da Trindade[14], pioneira nos debates sobre afeto e racismo na sociedade brasileira. Ela foi e sempre será minha grande mentora.

De 2015 para cá, aproximadamente quatrocentos estudantes, em sua maioria negros, passaram por essa experiência acadêmica, que nas suas próprias palavras tem sido curativa. Oportunizar reflexões sobre nossos saberes, trajetórias e histórias a partir, exclusivamente, dos conhecimentos cunhados por mulheres negras é um caminho de cura e libertação através do amor.[15]

Inspirada pelo texto "Construindo uma comunidade de aprendizado", de bell books, a metodologia do curso é cooperativa. No começo de cada semestre, a turma é dividida em grupos que são nomeados por Intelectuais Negras.

---

14 Azoilda Loretto da Trindade (1957-2015). Psicóloga, Dra. Comunicação Social, ativista dos movimentos sociais negros, a pesquisadora destacou-se como pioneira na formulação de projetos para o trabalho com reeducação das relações raciais no Rio de Janeiro dos anos 1980 ao lado da amiga e professora de História Jante Santos Ribeiro. Entre suas contribuições, destaca-se a sistematização dos valores civilizatórios afro-brasileiros na forma de métodos de trabalho para ensino de história e culturas africanas e afro-brasileiras e sua tese de doutorado sobre o imaginário dos formadores de opinião da tv brasileira sobre as mulheres negras. Cf: Azoilda Loretto da Trindade. *A formação da imagem da mulher negra na mídia*. Tese (Doutorado em Comunicação e Cultura), Escola de Comunicação da UFRJ, 2005. Disponível em: http://www.pos.eco.ufrj.br/site/teses_dissertacoes_interna.php?tease=12 e "Fragmentos de um discurso sobre afetividade". In: Caderno Modos de Brincar, 3 TMP. Disponível em: http://www.acordacultura.org.br/sites/default/files/kit/Caderno1_ModosDeVer.pdf

15 Para conhecer mais sobre o Grupo e a disciplina Intelectuais Negras UFRJ: www.intelectuaisnegras.com

Este foi o primeiro período em que os próprios grupos escolheram suas intelectuais. O fato de as estudantes chegarem à aula com suas próprias referências em vez de aguardarem as indicações da professora mostra uma conquista importante em termos de difusão do pensamento de mulheres negras no mundo acadêmico. Para se ter uma ideia desse novo padrão, em 2017.2, a adesão foi tanta que a turma propôs que, em vez de uma, cada grupo acompanhasse a trajetória de duas intelectuais negras.

A partir do contato com a obra de 10 pensadoras, cada grupo elabora atividades que articulam escrita, oralidade e ludicidade. Destaco aqui a avaliação final. Intitulado "Diário de Bordo"; o trabalho consiste na produção de um registro audiovisual acerca da experiência de cada grupo sobre a participação na disciplina.

Este ano as inovações aumentaram. Com o projeto *Qual é a sua semente?*, parceria dos grupos Intelectuais Negras e PET Diversidade com Escola Municipal Jornalista e Escritor Daniel Piza, além da bibliografia obrigatória, adotamos, para o trabalho, um romance. *O ódio que você semeia*[16], de Angie Thomas. A fim de aproximar as relações entre escola e academia, o livro foi lido simultaneamente pelas crianças e universitários, desembocando em uma série de atividades que seguirão em 2018.

Motivados pelo disparador "população negra: genocídio x renascimento", na UFRJ, em cada aula discutíamos quatro capítulos do livro. Os resultados, que passam pelo reconhecimento da turma acerca da importância de acessar e produzir conhecimento científico, encontram-se nesses lindos documentários. Escrevivências tecidas por estudantes que confirmam a relevância da educação como prática de liberdade.[17]

---

16 Angie Thomas. *O ódio que você semeia*. Rio de Janeiro: Record, 2017.
17 Todos os "Diários de bordo" produzidos entre 2015 e 2018 encontram-se disponíveis no site do Grupo Intelectuais Negras UFRJ.

Grupo 1: Intelectuais Negras Stela do Patrocínio e Dona Ivone Lara

Grupo 2: Intelectuais Negras Lélia Gonzales e Maria Clara Araújo

Grupo 3: Intelectuais Negras Antonieta de Barros e Tia Ciata

Grupo 4: Intelectuais Negras Erica Malunguinho e Elza Soares

Grupo 5: Intelectuais Negras Cidinha da Silva e Noemia de Souza

Agradeço a todo mundo que já cursou Intelectuais Negras. Cada uma de vocês contribui para fortalecer a certeza de que intelectualidade e negritude fazem parte de um mesmo todo. Obrigada, em tempo real, à turma de 2017.2 pelo acolhimento e adesão à proposta. Pelos sorrisos, mimos, atividades e debates altamente qualificados que pudemos estabelecer juntos. Obrigada também à monitora Nathalia Braga pelo trabalho dedicado e à ilustríssima Dona Doca, mãe da estudante de Letras Alice Meirelles (2017.1), que fez uma festa bafrônica para nos receber no seu *trailler* na comunidade da Nova Hollanda, favela da Maré.

Nós podemos. Pode vir, 2018!

Publicado no *Medium* @pretadotora
em 28 de janeiro de 2018.

Cortes sem fronteiras?
O absurdo da diminuição
das verbas de pesquisa no Brasil

A primeira imagem que me chegou das redes sociais ontem foi de uma jovem se despedindo da família. Ela foi minha estudante na UFRJ em 2015. Está de partida para França. Feliz na fotografia, tirada no saguão do Aeroporto Internacional do Galeão, ela agradece à mãe, aos amigos e familiares – em português e inglês – por terem acreditado nela. A amiga brasileira, que acaba de retornar do mesmo país, onde também estudou, inaugura os comentários da postagem: "Aproveita cada segundo. Vai com a certeza de que será uma baita jornada de autoconhecimento."

Ao longo dos anos, acompanhei, por meio de imagens e textos, várias histórias como a dessas duas meninas que, como universitárias, tiveram a oportunidade de viver e conhecer a realidade de outro país. Devido a programas do Estado brasileiro relacionados à educação e à pesquisa, tais quais Ciência Sem Fronteiras e Bolsa Sanduíche, essas jovens consagram-se como as primeiras das famílias a obter um diploma universitário na graduação e na pós, transformando assim suas vidas e a de muitas pessoas.

Dias antes da moça alçar voo para uma das experiências mais importantes da sua vida, o Conselho Superior da Capes (Coordenação de Aperfeiçoamento de Pessoal de Nível Superior) publicou nota preocupante. O documento chama atenção para o seguinte fato: se o orçamento do governo federal para 2019 não for alterado, 200 mil bolsas de pesquisa serão suspensas. Milhares de projetos de formação, programas de cooperação internacional, desenvolvimento de vacinas, técnicas agrícolas e outros avanços relacionados à ciência e à inovação serão interrompidos. Conforme alertado por colegas como Renato Janine Ribeiro, o problema é grande ao ponto do documento ser assinado pelo presidente da Capes. Um representante nomeado pelo governo e apoiado por conselheiros, integrantes do alto escalão governamental. O que isso quer dizer? Que não se trata de intriga da oposição. Mas de um medo interno que vem do próprio governo.

Devido à precariedade em meio à qual trabalhamos, não me surpreendi com a notícia, mas senti tristeza e revolta. Como professora de uma universidade pública, em transformação, e repleta de contradições, experimento há anos os impactos que as novas gerações provocam na produção científica. Com agendas de pesquisa inovadoras, esses novos sujeitos contribuem para democratizar o sentido do que é ser acadêmico no Brasil, incomodando os "sonos injustos", como diria Conceição Evaristo.

Se quisermos fazer valer um projeto democrático, que passa por estudar, fazer pesquisa e formar profissionais com verba pública, necessitamos, urgentemente, lidar com esse incômodo. Considerando que a universidade é o principal espaço destinado à produção científica, necessitamos olhar para quem está dentro dela. Precisamos parar com essa mania arrogante de tratar a ciência como algo neutro, distanciado da realidade de quem a produz.

Esse tipo de visão colonizadora, do conhecimento sem sujeito, contribui para referendar, por omissão, medidas absurdas que desconsideram a educação como prioridade. Nesse sentido, vale conferir e participar da campanha #minhapesquisaCapes, promovida por grupos como o Mulheres na Ciência BR, que tem veiculado narrativas de pesquisadoras sobre a importância da bolsa para carreira e desenvolvimento do país.

A possibilidade de um corte de R$ 580 milhões é a "pá de cal na ciência brasileira". Uma massa que encobre o que deveria ser óbvio. As descobertas científicas são conduzidas por seres humanos. Pessoas, com destaque para o número crescente de mulheres e negros que pagam aluguel, alimentam-se, sustentam famílias com bolsas de pesquisa. Conter esse avanço faz parte de um projeto político baseado no ataque às pessoas pobres. As ditas "classes perigosas", que por meio da carreira na pós-graduação, rompem com a perpetuação de um ciclo de vulnerabilidade, reescrevendo – na marra – a história do Brasil.

#existepesquisanoBrasil#minhapesquisaCapes#mulheres nacienciabr

Publicado no *Nexo Jornal* em 07 de agosto de 2018.

Final Feliz

Assistíamos empolgadas à mesa "Primeira pessoa". Quando a colunista Ana Paula Lisboa comentou: "se não tive privilégios, tive os encontros que me proporcionaram cursar a universidade". Eu e minha amiga iniciamos uma conversa paralela. "Final Feliz é o nome de uma favela no Rio de Janeiro que pouca gente conhece. O acesso deveria ser de bote, pois lá as casas são de palafita. Lá é assustador em termos de miséria, desumanização, entre elas, a presença do tráfico". Senti um arrepio imaginando como um lugar com características tão aterrorizantes poderia chamar-se "Final Feliz". Perguntei a ela: "final feliz para quem?" Olhamos uma para a outra com cara de pois é. Era um lindo domingo de sol. Continuamos, atentas, ouvindo as palestras.

***

Na semana passada, entre 06 e 11 de novembro, aconteceu no Rio de Janeiro a Festa Literária das Periferias. Em sua sétima edição, o evento, que apresentou como tema "Cais do Valongo: a negritude brasileira", reafirmou-se como um espaço político voltado para visibilizar juventudes negras como produtoras de conhecimento e projetos democráticos para a sociedade brasileira. Em seis dias de programação intensa, a #flup2018 trouxe mesas de debates, performances, além dos campeonatos nacional e internacional de *slam*. Poesia falada que representa um dos principais ícones de trabalho intelectual inovador, sua história também se liga ao acesso de jovens negros às universidades públicas.

Na edição internacional, sagrou-se campeão o belga Lizette Ma Neza com sua linda carta para Beethoven. Já na modalidade nacional, Juliana Jesus, de São Paulo, foi a grande vencedora da noite com uma emocionante homenagem ao menino Pipa. Além dos jovens poetas, uma vasta e qualificada lista de artistas, estudantes, escritores, acadêmicos, influenciadores digitais, livreiros, estilistas estiveram na Biblioteca Parque Estadual do Rio de Janeiro. A jornalista Flavia Oliveira, as escritoras Ana Maria Gonçalves, Conceição Evaristo, Esmeralda Ribeiro, Jarid Arraes, Selma Silva. A cineasta Rokhaya Dialo, a *slamer* Roberta Estrela D'Alva, a cantora Liniker, o cantor Gilberto Gil, a filósofa Djamila Ribeiro, a funkeira Taisa Machado, entre outras presenças ilustres. Final feliz!

Considerando que estamos em novembro, mês da consciência negra, gostaria de repassar dois momentos da #flup2018 que me marcaram lançando mão da narrativa passado-presente, método científico em que baseio minha escrita. Participei da mesa de abertura "Maria Firmina dos Reis e a invisibilidade das mulheres negras também na literatura", ao lado da escritora Jarid Arraes, da pesquisadora Luciana Diogo e do professor Eduardo de Assis.

Para evidenciar, à altura, o protagonismo de Firmina, autora de *Úrsula*, primeiro romance da história do Brasil inovei, fazendo ciência com o corpo. Em vez da tradicional palestra monólogo, o início de minha apresentação consistiu em uma performance do "Hino da libertação dos escravos". A letra escrita em 1889 pela maranhense foi adaptada para o *funk* 150 bpm através do trabalho cuidadoso de MC Carol dal Farra, em parceria com a professora de dança Taisa Machado, que cuidou da coreografia. Narrar o trajeto de uma intelectual negra do século XIX através de referenciais negros da dança contemporânea de favela é uma forma de democratizar a ciência. De afirmar que o protagonismo de mulheres negras sempre existiu e que o novo é a visibilidade que estamos alcançando com nosso trabalho intelectual. Final feliz!

O segundo momento que me marcou foi a mesa "Primeira pessoa". Nela, a colunista Ana Paula Lisboa, o *youtuber* Spartakus Santiago e o ativista René da Silva conversaram com o público sobre o impacto que a entrada na universidade representou em suas vidas, agendas de ativismo, carreira e na convivência com familiares. Poder ouvir suas brilhantes narrativas remeteu-me ao contexto que vivencio como professora dedicada à formação de universitárixs negrxs. Neste momento em que direitos básicos estão seriamente ameaçados, é indispensável considerar que nos últimos 15 anos mais de meio milhão de jovens pobres asseguraram – através de esforços individuais, coletivos e de políticas públicas – seus diplomas universitários. Final feliz!

Ontem, no III Seminário Discente do Programa de Pós-Graduação em Ciências Sociais, conversei por três horas a respeito do papel político das juventudes negras acadêmicas com uma plateia repleta de estudantes da Universidade Federal do Espírito Santo. O fato de o convite ter partido da demanda desse segmento por mais representatividade negra nos currículos acadêmicos é muito importante para avaliar nossas conquistas.

A universidade não resolverá diretamente os gravíssimos problemas que afetam a existência das comunidades negras. Entretanto, estar nela na "primeira pessoa", fazendo uma ciência que parta das nossas experiências é indispensável para sustentar projetos de democracia e justiça social. Final feliz!

Em novembro e todos os meses, lembremos: "a felicidade negra é uma felicidade guerreira".

Publicado no *Nexo Jornal*
em 13 de novembro de 2018.

#intelectuaisnegras

"Eu não serei interrompida", frase repetida em diversas ocasiões pela socióloga Marielle Franco durante seus pronunciamentos parlamentares na Câmara de Vereadores do Rio de Janeiro. Segunda candidata mais votada, Marielle foi executada em 14 de março de 2018 junto com seu motorista Anderson Pedro Gomes. Auto-nomeada "cria da Maré, preta, lésbica e favelada", a política deixou como legado a importância de mulheres negras construírem projetos de educação e liberdade para suas comunidades.

Considerando que o genocídio, a redução nas verbas da educação pública e a reforma da previdência impactam drasticamente comunidades negras, neste conjunto de textos discuto o trabalho de intelectuais comprometidas com projetos de democracia radical.

Divou na prancha: palavras do mar para Marielle Franco

Esta semana fui apresentada por uma pessoa querida a Chloé Calmon. Campeã mundial de *surf*, a jovem pega ondas caminhando, ou melhor, divando em sua prancha *longboard*. O encantamento com o trabalho da carioca foi tão grande que, além de me tornar sua seguidora, decidi fazer uma aula do esporte. De tão incrível, a experiência foi incorporada à minha rotina, que agora consiste em, duas vezes por semana, chegar à praia às seis da manhã.

No primeiro dia, enquanto estava de caloura no mar, entre remadas, levantadas e quedas, me lembrei de uma frase de Angela Davis: "precisamos aprender a nos erguer enquanto subimos". Jamais pensei que fosse possível associar a cultura do *surf*, hegemonicamente branca e masculina, ao pensamento da filósofa negra no livro *Mulheres, Cultura e Política*. Mas funcionou.

Inicialmente fazendo conexões ligadas a razões positivas, sequer desconfiava de que o mar viraria, de forma tão brusca e avassaladora. 14 de março, dia seguinte à aula experimental de *surf*, vi-me surpreendida, enquanto preparava o jantar, pela notícia da execução de Marielle Franco no bairro do Estácio, Rio de Janeiro. Pensando na história da vereadora, por quem nutria grande admiração, uma pergunta me veio à cabeça: quais são os desafios de se erguer durante a subida?

Para responder à pergunta, entrei em contato com fragmentos de memória ligados às minhas experiências de educadora. Recorrentemente percorrendo escolas públicas cariocas, é inquietante ouvir a quantidade de crianças, meninas negras entre

7 e 13 anos, que dizem que seu sonho é ser trabalhadora doméstica. Esse tipo de narrativa, na versão masculina, reconfigurado para o desejo de ingressar no tráfico de drogas, revela dois aspectos. O primeiro, muito bem discutido no livro *Entre o mundo e eu*, do jornalista afro-americano Ta-Nehisi Coates, é que "não há tempo para a infância de meninas e meninos negros". Entretanto, nesse momento, em que estamos acometidos por um choque coletivo, olho para essa tragédia anunciada por um segundo aspecto, libertador, que não cura, mas redireciona nossas dores. O trabalho de erguer-se durante a subida é fundamental para romper destinos esperados.

De forma absolutamente original, Marielle Franco ergueu-se, como poucas. Em sua subida, ela divou na prancha, desenvolvendo um estilo próprio de ser parlamentar. Cria da favela da Maré, formou-se em Ciências Sociais na PUC-Rio. Tornou-se mestra em Administração Pública pela Universidade Federal Fluminense, sagrando-se vereadora com mais de 46 mil votos, em uma campanha que trazia como slogan: "Mulher, Negra, Mãe, Favelada".

Se acionar essas identidades foi um caminho aberto por políticas como Benedita da Silva e Jurema Batista nos anos 1980 e 1990, há de se observar que o trajeto de Marielle mantém continuidade com o de ambas. Ao mesmo tempo que também revela sua capacidade de inovar. Vale, por exemplo, destacar que, durante a campanha, assessorada por profissionais como Julia Igrejas, Marielle, em movimento cuidadoso de ampliação de suas bases, conquistou, através da articulação entre academia e movimento social, as classes média e alta cariocas, parcela significativa de seu eleitorado. Embora tenha acompanhado à distância a campanha de 2016, foi fácil captar a empatia que a socióloga gerava nos circuitos universitários, nas baladas da zona sul do Rio de Janeiro e nos redutos dos movimentos feministas brancos. Além, claro, de seu eleitorado supostamente mais previsível: cidadãos da favela e ativistas dos movimentos negros.

Nascida e criada em um espaço no qual o poder público exime-se de suas responsabilidades, a socióloga é dona de um sentido de intelectualidade negra ligado à arte do "erguer-se enquanto se sobe" na política institucional. Um espaço sub-representado por mulheres negras. Para isso, lançou mão de estratégias inovadoras como o mandato coletivo e projetos de lei que priorizam mães trabalhadoras e seus filhos, como no caso do "Corujinha", aprovado após a sua morte e que tem como objetivo criar creches públicas noturnas.

Sua trajetória é um exemplo inspirador do poder decisório de um grupo que representa 27% do eleitorado do país, conforme informações da campanha #mulheresnegrasdecidem. Iniciativa do Coletivo Umunna, desenvolvida no projeto Minas de Dados, uma iniciativa surgida na Transparência Brasil, realizada em parceria com a Olabi, a Data_labe e o apoio da OEA (Organização dos Estados Americanos).

Desde quando assumiu sua cadeira na Câmara Municipal, no começo de 2017, a parlamentar destacou-se por feitos como a entrega da Medalha Pedro Ernesto-Mandato Marielle Franco, focando as homenagens em cidadãs negras como a escritora Conceição Evaristo e a empreendedora Dida Trindade, assim como também se distinguiu por seu engajamento no combate à intolerância religiosa e na luta contra o genocídio da população negra.

Essa grande intelectual negra rompeu com o destino esperado para si. Para isso, contou com o apoio de familiares, amigos e, mais tarde, eleitores. Mas, sobretudo, com sua capacidade de se reinventar frente às condições mais adversas, limitadoras de sonhos. De novo com Angela Davis, Marielle Franco é autora de um projeto de democracia. Um programa de mudanças sociais que traz como centro a universalização dos direitos humanos para toda a população carioca, e não somente para mulheres negras. Para além de uma noção superficial de #representatividadeimporta, em momento tão delicado do país, histórias como as dela merecem seguir vivas pelo poder que possuem de reescrever o passado, no presente e no futuro.

Querida Marielle, sei que foram poucas vezes, mas ainda bem que deu tempo de sorrirmos e nos abraçarmos. Obrigada por ter ido à minha sala de aula na Faculdade de Letras da UFRJ dar oi aos meus estudantes em 2017. Aquele foi um dia mais feliz para jovens que lutam diariamente para ser reconhecidos como pessoas.

Nossas lágrimas conjugam dores, angústias, medos, incertezas junto com o amor. Um amor que tem feito com que feministas negras de antigas e novas gerações encontrem-se – ao vivo e nas redes – para dizer: "Cuidado, você é importante para mim e muita gente." Como uma mulher de axé que você também se tornou, desejo-te que Iemanjá, rainha do mar e mãe de todas as cabeças, receba-te para seu novo ciclo. E quanto a nós? Meu voto é que tenhamos a sabedoria de mudar nossos corações e olhar à nossa volta, mantendo acesa a chama da continuidade.

#MarielleFrancopresente

Publicado no *Nexo Jornal* em 19 de março de 2018.

E, agora, o que tem de novo na palavra resistência?

Na segunda-feira, acordei de ressaca, tentando entender o antes e o depois que passa a marcar a história do país.

Planejei minuciosamente onde queria estar no momento da apuração. Chegamos ao Samba na Serrinha, edição "Heróis da Liberdade", em homenagem ao compositor Silas de Oliveira, às 19 horas. O resultado das eleições estava estampado nos rostos. Entre lágrimas, testas franzidas, abraços e rebolados, as pessoas digeriam a vitória de Jair Bolsonaro. Ultraconservador, o presidente eleito do Partido Social Liberal defende ideias como inferioridade de mulheres e negros, desumanização de pessoas trans, binarismo de gênero e vitimismo, para se referir a políticas como as ações afirmativas. A ressonância de tais convicções, confirmada nas urnas, explica-se por um cenário de crise econômica, aumento da violência e diminuição de verbas para educação, saúde e assistência social, entre outros problemas.

Para mim, foi muito importante viver esses primeiros instantes de ruptura com a democracia na favela da Serrinha, no subúrbio de Madureira, Rio de Janeiro. Terra de Tia Doca, Paulinho da Viola, Paulo da Portela, referências de intelectuais que através da música desenvolveram projetos baseados no associativismo para as comunidades negras. Nesse repasse, lembrei do *slogan* da campanha presidencial do Partido dos Trabalhadores em 2002: "a esperança venceu o medo". Ver jovens negros com cabelos, roupas e penteados variados, sorrindo, chorando, dançando e debatendo política nas filas da cerveja, do banheiro e na própria roda foi uma repaginada da frase. Por mais difícil que seja a situação, sinto esperança, em vez de medo.

A esperança vencer o medo não tem a ver com minimizar a gravidade dos problemas que já começamos a enfrentar, especialmente os relacionados à segurança pública e às nossas próprias vidas que – dependendo de quem sejamos em termos de raça, gênero, sexualidade – corre sérios riscos. Atenta a esse contexto, que exige cautela e elaboração de estratégias, esperança tem a ver com saber reconhecer a diferença entre nadar e se afogar.

De um ponto de vista objetivo, é preciso considerar que nos últimos 12 anos aproximadamente 700 mil jovens – na sua maioria negros e pobres – formaram-se em universidades públicas e privadas, graças às políticas de expansão e às cotas sociais e raciais. Essas pessoas são reais. Elas existem. Estavam lá no samba da favela da Serrinha. Estão em todas as partes trabalhando para o desenvolvimento do país. Devemos considerar que milhões de brasileiros, na maioria mulheres, tornaram-se proprietárias de suas casas. Que pessoas trans conquistaram o direito de reconhecimento dos seus nomes sociais, o que obviamente são pontas de um *iceberg* cujo tamanho desconhecemos. Uma coisa que tem me ajudado é desenvolver ideias que nos façam perceber que a política não é apenas institucional. Nós praticamos política todo tempo das nossas vidas. Enquanto estive na Serrinha, a chance de ter conversado com mulheres negras reforçou esse movimento.

Todas elas me apresentaram projetos políticos. Uma professora de escola pública no Complexo de Favelas da Penha desenvolve práticas educativas com base em autoras negras. Uma ativista junto com seu grupo está organizando uma campanha de doação dos livros. Ela pede que as pessoas doem à Biblioteca do Museu da Maré os livros que levaram para as urnas.[18] Vamos

---

18 No segundo turno das eleições presidenciais de 2018, ganhou vida nas redes sociais uma

doar! Uma estilista está pensando em como desenvolver coleção para discutir as relações entre vestuário e empoderamento. Duas jovens, sentadas chorando, conversavam sobre como reagiriam ao "chicote que está voltando". Esses exemplos visibilizam nosso potencial de sujeitas políticas. Revelam também o impacto que as ações que desenvolvemos desempenham na vida de muitas pessoas.

Na fila do banheiro, chamou-me a atenção a frase repetida dezenas de vezes naquela noite: "Agora teremos de resistir!", comentavam as amigas enquanto lavavam as mãos. Afetada pela afirmação, resolvi perguntar: "já que aqui somos todas mulheres negras o que vocês acham que tem de novo na palavra 'resistência'?" A professora, com quem já havia conversado antes, rompeu o silêncio que pairava sobre nós. Diante da questão inusitada, sua resposta certeira. "O novo é que agora teremos de combater nossos amigos, familiares, vizinhos, pessoas que amamos e isso já está sendo foda." Pela primeira vez na noite, chorei. Minhas lágrimas de medo desceram pelo teor de verdade que essa triste afirmação carrega. As de esperança escorreram pela oportunidade de estar ao lado de mulheres tão incríveis, engajadas em políticas do cotidiano que contribuem para manter irreversíveis direitos conquistados com muita luta.

Na segunda-feira, acordei de ressaca, tentando entender o antes e o depois que passa a marcar a história do país. Pensei: "como será daqui a 20 anos dar aulas sobre esse momento político? Que histórias serão contadas? Por quem? Como?" A quantidade de mensagens em meu celular estava na casa dos milhares. Vieram *flashes* do final de semana. O passeio pelo bairro com a amiga hospedada em minha casa. A busca

---

mobilização espontânea para que eleitores fossem votar levando livros significativos em suas vidas. Milhões de registros de pessoas mostrando tais livros viralizaram na internet, acompanhado de hashtags como #Haddadsim e #EuVoto13.

de informações sobre como chegar a um restaurante próximo revelou que as pessoas desconhecem onde é o Instituto Superior de Licenciatura do Estado do Rio de Janeiro. Sua referência de localização, em vez de uma instituição educativa do início do século XX, é a delegacia, que fica próxima. Entendemos isso como um sinal do que está por vir depois de domingo. Na lista de sintomas, reparamos também na presença infinitamente maior de homens do que mulheres debatendo – aos berros – política nas ruas e mesas de bares.

De volta ao presente, entre os milhões de *prints* um que chamou atenção:

> Recebemos informações de que políticos e figuras públicas ligadas ao projeto fascista de Bolsonaro estão incentivando estudantes a gravar aulas de professores que tratarem os resultados eleitorais de uma perspectiva crítica e enviar os registros como 'denúncias anônimas'. Frente a isso, achamos pertinente deixar avisado que professores da rede privada de ensino não podem ter suas aulas gravadas sem autorização. No caso dos docentes da rede pública, gravações não podem ser usadas como instrumento de difamação e assédio. Em ambos os casos, estimular essas atitudes ilegais constitui uma prática criminosa por si só. Para mais informações, não deixem de buscar apoio jurídico de seus respectivos sindicatos e associações e, acima de tudo, não se deixem intimidar. Juntos somos fortes. Eles não passarão.

Após ler a mensagem assustadora, iniciei conversa com uma amiga influenciadora digital. Ela estava se preparando para postar um vídeo em seu canal. Essa informação desceu-me mal. Entre um papo e outro, marcado pela preocupação em dar um retorno ao seu público, disse-lhe: "Acho que precisamos viver o desespero. Não ter respostas também faz parte." E talvez esse, por ora, seja o nosso principal desafio. Assumir que não temos respostas imediatas. Precisamos lembrar que toda nossa militância nesses últimos meses foi justamente para combater respostas instantâneas para os gravíssimos problemas de segurança, educação, saúde presentes no Brasil.

Sabemos que o imediatismo se desdobra em desfechos trágicos, já em andamento. Ao mesmo tempo, como lidar com as urgências que envolvem ir e voltar para casa, expressar-se livremente, ter as identidades de gênero, raça, sexualidade reconhecidas como humanas e respeitadas? Sinceramente, não sei. O presente imediato exige mais escuta do que fala. Mais recolhimento do que enfrentamento. Mais produção do que divulgação. Vamos, em movimento, ver como nos saímos nesse desafio de construir nossas respostas.

Eu continuo acreditando que a onda de conservadorismo é uma devolutiva a tudo que conquistamos e ao medo de aonde essas conquistas podem nos levar em termos de justiça social. Essa razão é alimentada quando me lembro de que, depois de tantos adiamentos por razões que fugiam ao nosso controle, o Programa de Educação Tutorial Diversidade UFRJ, o qual coordeno, inicia esta semana as oficinas pedagógicas do projeto Personagens do Pós-Abolição (financiado pela Capes).

Na segunda-feira mais difícil dos últimos tempos, universitários negros e cotistas vão à Escola Municipal Jornalista e Escritor Daniel Piza, em Costa Barros, ensinar a crianças entre 12 e 14 anos as histórias de Eduardo das Neves, João Cândido, Juliano Moreira, Maria Nascimento e Paulo Silva, intelectuais negros silenciados nas narrativas oficiais da história do Brasil republicano.

Energizada por tantas políticas do cotidiano, termino com um provérbio africano. Ele visitou minha mente enquanto as crianças dançavam na roda de jongo que encerrou o samba da Serrinha : "As lágrimas que caem dos meus olhos não tapam a minha visão."

Publicado no *Nexo Jornal* em 29 de outubro de 2018.

Chegou a vez de ouvir, ou deixa eu te contar

Sábado fui à praia. Estava lá, na pedra do Leme, folheando a última edição da revista *Empodere*. Em menos de seis meses, foi a segunda vez que eu e minha história protagonizamos as páginas de um magazine de destaque. Enquanto me olhava na capa, sentindo o conforto de estar no lugar certo, uma conversa ao meu lado. A mulher, enfática, comentava: "quero um Brasil só. No meu tempo não tinha nada disso de negro, viado. Essas coisas". Minutos antes, havíamos percebido uma à outra. Sorriso de canto de boca. Olhar de cumplicidade de quem nunca se viu, mas tem certeza de que se conhece. Com pensamentos opostos, não confrontados, tínhamos algo em comum. Éramos mulheres negras.

Em meio a um processo eleitoral frenético, que divide o Brasil em dois grupos – convencidos e aqueles que precisam ser convencidos – sigo puxando os fios de minha memória. Lembro que na campanha eleitoral anterior foi bastante difícil conquistar votos para eleição de Dilma Rousseff. Recordo também que, naquele momento, as postagens em redes sociais apresentando trajetórias bem-sucedidas na educação, tal qual a minha própria, foram bastante significativas para sua vitória. Em 2018, essa estratégia mantém-se, mas se mostra insuficiente frente à força de mentiras como "ideologia de gênero" e "kit gay", este último argumento, inclusive, desdito pelo próprio Ministério da Educação.

O movimento passado-presente é marcado por "histórias que a história não conta". No Rio de Janeiro, o samba de 2019 da Estação Primeira de Mangueira traz uma linda homenagem à vereadora Marielle Franco. Acompanhando um cenário nacional, esse estado elegeu quatro mulheres negras como deputadas. No Nordeste, o muro da Universidade Regional do Cariri continua pintado com "Pátria Educadora". Nos dias em que estive em Juazeiro do Norte, vi tantas enxadas, carroças e paredes de casas de pau-a-pique com a estrela vermelha. Fiquei impactada: água, comida e educação. Apenas. Pausa para recordar a moça do Leme: "eu quero um Brasil só". Já meu namorado defende a ideia de que o país se torne vários Brasis. Eu não sei (como é bom falar do que não sei). Independentemente da condição jurídica, não somos único território. Menos ainda um só povo. Verdade aprendida na marra, na pior escola da vida. Os grupos de *WhatsApp* de amigos e familiares, um lugar de debates relevantes, mas também de adoecimento para a população.

Ainda sobre os tais fios da memória, seis anos depois, retornei à Unicamp. De volta à universidade que me deu (o certo é: onde conquistei) o título de doutora. Minoria na historiografia, rotineiramente obrigada a comprovar que sou acadêmica, entrei pela porta da frente. O convite para participar da banca de defesa de mestrado de Juliana Videira veio de Luana Saturnino. Professora da minha geração, a doutora também personifica os versos de Cristiane Sobral. "Os tempos agora são outros." Com o trabalho "Elza Soares: gênero e relações étnico-raciais na música popular brasileira e no ensino de história", Juliana entra para a história da historiografia como pioneira. E eu "desalfabetizo", lembrando que uma instituição tem muitas portas da frente.

O papo com o taxista de Campinas, eleitor convicto da extrema direita, gerou atraso para chegada à banca da futura mestra. Um atraso importante. Ao entrar na sala, por sinal a mesma em que defendi minha tese de doutorado em 2012, gravidíssima, meu coração acelerou. O auditório, imponentemente nomeado "Sala de Defesas" estava lotado de professoras e professores da educação básica pública. Parte desses profissionais que lecionam na Escola Municipal Maestro Marcelino Pietrobom, em Paulínia (cidade vizinha) também trabalham no Triu, um cursinho pré-vestibular de educação popular. Juliana, que foi vestida com a camisa do curso para defender sua dissertação, é ex-aluna e docente do lindo projeto. Existe um ritual em bancas. A pessoa que vem de mais longe inicia a arguição da candidata. Enquanto elaborava o sentimento de ser a estrangeira de dentro, fazia meu raio-x do cenário do qual era parte. Agora como professora.

Na primeira fila da Sala de Defesas, um casal de braços dados demonstrava sua estranheza com aquela situação toda. Estavam ali para, de alguma maneira, defender a filha. A mãe, ao ouvir os elogios à sua menina, tentava segurar as lágrimas. Seu olhar, antes de mais nada, era de agradecimento. Também de certo alívio por constatar que doutoras e doutores são pessoas de carne e osso que não maltratariam sua joia. Na maior parte dos casos, estão com as mães os segredos para que esse momento, único na vida de uma estudante pobre, torne-se possível. Em gesto de respeito, confiei a Conceição Evaristo a abertura de minha arguição[19]: "O que levaria determinadas mulheres, nascidas e criadas em ambientes não letrados e, quando muito, semialfabetizados, a romperem com a passividade da leitura e buscarem o movimento da escrita?"

Avó e mãe também foram à Universidade Federal Fluminense me defender em 2005. Era o tempo do primeiro mandato do presidente Lula, quando me tornei mestra, aos excelentes cuidados da professora doutora Rachel Soihet, pioneira nos estudos feministas no Brasil (em um dos Brasis).

Ainda sobre Campinas e a Pátria Educadora, enquanto andava pela universidade algumas pessoas me pararam. Chamando-

---

19 Ver nota 9 deste livro.

me pelo nome, mostravam-se surpresas com minha ilustre presença em Barão Geraldo. "Eu te sigo no Instagram." Em plena sala de defesas da vida, meu celular apitou. Era um moço que dizia o seguinte: "Tá em Campinas??? Deixa eu tirar uma foto com você por favor?" Marquei o texto para respondê-lo. Na emoção da nova mestra, de todo o grupo e na urgência de participar do plebiscito do onde vamos bebemorar, esqueci de retornar.

Preocupada com o que aconteceria nas urnas no domingo (7), pedi a Juliana para, antes do bar, fazer uma foto minha na placa "Instituto de Filosofia e Ciências Humanas Unicamp – Rua Cora Coralina". Embora não soubesse como usá-la, queria registrar o antes e depois de minha biografia acadêmica, coincidente com a história dos quatro mandatos do Partido dos Trabalhadores. Arriscando, escrevia mentalmente ideias chave para um possível texto. Família de mulheres negras pobres, formação em três universidades públicas, estágio de doutorado no exterior, ingresso na docência na maior universidade do Brasil. Grupo Intelectuais Negras UFRJ.

Ao mesmo tempo que repassava meu currículo real, trabalhava com Juliana na produção da fotografia. Investiga o lado do sol. O cabelo está legal? Os pés aparecem? Faz uma deitada. Outra em pé. De repente, uma dupla de jovens surge. O rapaz chega acompanhado da amiga. Matheus não se deu por vencido. Foi até mim em busca da resposta que esqueci de lhe dar. Como de costume, perguntei seu nome, o que fazia, se pretendia continuar na carreira acadêmica. Ele me contou que estuda Ciências Sociais na universidade. Pretende seguir. Uma constatação e um sentimento, bem nessa ordem. Há seis anos, quando me tornei doutora, esta cena – do encontro de uma professora doutora negra com seu fã, universitário também negro – seria absolutamente impossível. A foto, seguida do abraço apertado e da frase "boa sorte para nós", são formas de definir #irreversível.

De volta ao Rio de Janeiro. Estava marcado para quarta-feira o lançamento do documentário "A última abolição". Com direção e roteiro de Alice Gomes e entrevistas e pré-roteiro assinados pela jornalista Luciana Barreto, a película narra a história da abolição sob o prisma de historiadores sociais que privilegiam o protagonismo negro em suas pesquisas. Na primeira cena, Sueli Carneiro, eu, Giovana Xavier, e Ana Flavia Magalhães Pinto apresentamos nossos pontos de vista. Para além do dito, uma novidade. Somos, a um só tempo, especialistas e conteúdo. 130 anos depois da assinatura da Lei Áurea, cabe a três doutoras negras, de gerações e ideias distintas, introduzirem – na companhia de outros colegas – a história desse longo processo inconcluso em nosso país. "Não veio dos céus nem das mãos de Isabel", canta a nação mangueirense.

Teria muito mais coisas, mas parte do que eu escreveria já está no ar. Ou melhor, nas bolhas, que esgarçam, mas não se rompem. Na segunda-feira, dia seguinte às eleições, pensei em cancelar as aulas. Simplesmente não sabia o que dizer. Lembrei que também posso escutar. Na turma de Prática de Ensino de História Transgressora, abracei minha aluna branca. A jovem, visivelmente abalada, está no auge de conflitos devido aos posicionamentos familiares antagônicos para escolha de candidatos à Presidência da República. Na terça-feira, novo abraço. Esse veio na forma de pito em uma de minhas bolsistas de iniciação científica. Moça negra, ela se sente responsável por tudo que está acontecendo. Dedica-se, em tempo integral, a convencer pessoas a repensarem seus votos. Queria sentar e chorar com ela. Mas o cuidado veio na forma da dureza. "Não somos responsáveis. Já carregamos muitos pesos."

Na quarta-feira, antes da estreia na telona do cinema,

participei da Assembleia "IFCS contra o fascismo", chamada pelos movimentos estudantis. Destaque para a mesa da plenária e para um grupo de docentes da Faculdade de Educação da UFRJ que marcou presença. Ambas as paisagens tinham algo em comum que explica a onda conservadora que tenta nos afogar. Negras e brancas, éramos todas mulheres.

Deixa eu te contar: "chegou a vez de ouvir as Marias, Mahins, Marielles, Malês". Em tempo: feliz dia das professoras!

***

Texto inspirado na imperdível coluna "Como Jesus permite?", de Ana Paula Lisboa no jornal *O Globo* e na notícia da escolha do samba "Histórias para ninar gente grande", da Estação Primeira de Mangueira, em homenagem a Marielle Franco. Obrigada às amigas Bruna Souza e Flavia Oliveira pelas palavras sopradas.

Publicado no *Nexo Jornal*
em 15 de outubro de 2018.

#maternidadesemfiltro

"Muitas versões em uma só". Esta forma pela qual costumo me apresentar publicamente tem o intento de trazer para o centro do debate os múltiplos lugares ocupados por mulheres. Uma multiplicidade que evidencia a sobrecarga de trabalho, naturalizada pela estrutura patriarcal. Afetada pela necessidade permanente de conjugar – de forma produtiva – os lugares de fala da maternidade e do produção científica, neste conjunto de textos discuto as relações entre maternidade, feminismo e produção científica.

A própria expressão "de forma produtiva" revela os principais desafios dessas relações. O de priorizar o autoconhecimento e a saúde mental, um direito historicamente negado à população negra, em particular às mulheres, institucionalizadas como as cuidadoras. De construir noções de maternidade e maternagem que acolham individualidades, desejos e limites como mulheres, desprendendo-se da culpa. De aprender a nos reconhecer como seres humanas, também marcadas por limites e fragilidades.

Debato ainda a responsabilidade dos homens neste projeto, na perspectiva de uma "paternagem feminista", para usar conceito de bell hooks. E por falar na pensadora afro-americana, grande fonte de inspiração para meu trabalho, focalizo o debate na relevância de uma educação feminista baseada no "viver de amor". Um amor real, construído através dos encontros e lutas por liberdade, conduzidas de variadas formas por mulheres em espaços profissionais, familiares, religiosos.

É possível tirar férias da maternidade?

No dia 1º de janeiro de 2019, após uma tarde de muita alegria e brincadeira na casa de amigos, Peri despediu-se de mim da seguinte forma: "Tchau, mamãe, bom *surf* em Itacaré!" O fato de a frase ter sido acompanhada por sorriso nos lábios e um forte abraço emocionou-me. Como uma mãe rotineiramente em trânsito, aprendi a cultivar o hábito de sempre compartilhar com meu filho os destinos e propósitos de cada um dos meus deslocamentos. Sua excelente aceitação à viagem de férias da mãe acalmou meu coração, martirizado por pensamentos diversos: como conseguirei ficar longe do meu filho por dez dias? Como ele se sentirá? E, ainda que tenha certeza de que esta é uma pauta exclusivamente familiar, em sendo mulher a gente também se preocupa com o clássico "o que os outros vão pensar?".

Arrumar as malas e conseguir chegar à cidade do *surf* teve um gosto de libertação. A aquisição de uma liberdade que leva a pensar nos avanços relacionados à criação de novos padrões de maternidade. Um dos maiores ganhos dessa inovação é a possibilidade de desnaturalizar a culpa materna. Um processo baseado na tomada de consciência e no aprimoramento de práticas relacionadas à importância de mulheres mães serem reconhecidas como indivíduos. Pessoas com projetos e vontades próprias que precisam ser respeitadas para o seu bem-estar e, por consequência, para o bem-estar da criança.

Com todas essas ideias na mala, em 2 de janeiro cheguei a Itacaré. Diferentemente da visita à cidade em dezembro, desta vez vim acompanhada da minha grande amiga Tenka Dara. O fato de sermos mulheres negras, mães, com idades próximas e profissionalmente realizadas sobressaiu. Historicamente posicionadas como cuidadoras do outro em detrimento de si próprias, nossa viagem de férias torna-se um excelente exemplo para discutirmos conquistas centrais, hoje ameaçadas. Direitos humanos, afirmação racial, sucesso profissional, protagonismo. Nessa linha das conquistas que desabrocham quando narramos nossas próprias histórias, começamos a nos fazer a seguinte pergunta: como assegurar que mães tenham direito ao tão sonhado tempo para si próprias? Para suas demandas e desejos individuais?

Para quem pensa que se trata de uma pauta fútil, vale ressaltar que as questões aqui trazidas dialogam diretamente com o contexto de emergência da extrema direita em nosso país. Ou seja, novos padrões de maternidade representam uma poderosa resistência ao sistema machista, racista e patriarcal. Um sistema atualmente marcado pela institucionalização da cultura do ódio, retirada de direitos e desumanização de grupos subalternizados (pessoas negras, indígenas, LGBTI, assim como mulheres, em especial, mães).

De posse dessa compreensão, em Itacaré comecei a observar e refletir sobre o cotidiano das mamães de férias. Acordar e dormir à hora em que se tem vontade. Tomar café da manhã com calma. Escolher que biquíni usar. Garantir a ida ao banheiro. Passar o protetor solar. Hábitos simples que devido à sobrecarga de trabalho imposto como obrigação exclusiva de mulheres aprendemos a suprimir de nossas vidas. Lutar para que – dentro das realidades de cada uma – esses direitos cotidianos básicos sejam assegurados faz parte de uma perspectiva feminista inovadora. Nela, o trabalho é para que autoconhecimento e proteção sejam atos políticos que precisamos implementar em nossas vidas. Daí, como tenho insistido, a relevância de construirmos agendas individuais de autocuidado.

Pegar ondas. Traçar roteiros de praias e cachoeiras. Visitar um quilombo. Passear de barco. Realizar trilhas a pé. Experimentar a culinária local. Praticar yoga. Fazer massagem. Sair para dançar. Tomar um suco, uma cerveja. Fazer novas amizades. O mais bonito é que experimentar cada um desses itens está nos possibilitando aprender juntas uma coisa importantíssima: não se tira férias da maternidade. Pelo contrário, a distância de nossos filhos reforça nossa condição materna. Um reforço em novas bases que envolvem amigas que, enquanto contemplam o mar, conversam sobre o futuro que desejam para seus filhos. Que, durante a realização de trilhas e refeições, estabelecem contato com as crianças através de mensagens de áudio, chamadas de vídeo, compartilhamento de imagens.

Aliás, só para constar, Peri, Iaomin e Mimbi estão se divertindo pacas nas praias do Rio de Janeiro e Uruguai. Felizes e bronzeados, os três encontram-se na companhia dos seus papais. Em se tratando de Brasil, um país em que as férias escolares costumam ser resolvidas com babás, colônias de férias com propostas pedagógicas fracas ou com uma temporada na casa da vovó, essa é também uma grande vitória.

Mamães, quando nos cuidamos ficamos mais preparadas para educar nossos filhos para a liberdade.

#permitase

Publicado no *Nexo Jornal* em 07 de janeiro de 2019.

Feliz Natal para quem acredita que é possível viver de amor

Em sete anos, incluindo um de gravidez, esta é a primeira noite de Natal em que eu e Peri não estaremos juntos. Na nova configuração de família, o 24 de dezembro ficou para o pai. O 31, com a mãe. Essa partilha de datas coloca, mais uma vez, juntos dois sentimentos que dinamizam a maternidade: amor e culpa. Hoje (24), acordei cedo. Arrumei-me e fui, finalmente, comprar o presente de Natal do meu pequeno. Entre decisões mudadas a cada semana, Peri definiu-se por um jogo de tabuleiro. Sua escolha fez-me perceber o quanto o bebê tornou-se criança. Aos poucos, a pessoinha que dei a luz, através de um parto natural, vai se transformando em menino-homem.

Pensei em editais do Conselho Nacional de Desenvolvimento Científico e Tecnológico (CNpq) como o "Meninas nas Exatas", que tem por objetivo estimular que garotas despertem o interesse por cálculos, números, estatísticas e outros marcadores da área das Ciências Exatas. Rememorei um dos dias em que estive no Programa Encontro, na TV, dividindo o palco com Maria Pennachin, uma adolescente que desenvolveu um canudo biodegradável à base de inhame (@biocanudo), e Ana Carolina da Hora, idealizadora do projeto @compcao. Ambas estavam no programa acompanhadas por suas mães, com quem tive oportunidade de conversar. Ver as jovens juntas de suas mães orgulhosas aumentou minha certeza de que a chave das mudanças está com as mulheres. Esse entendimento tornou-se possível porque aproveitei da melhor forma a oportunidade de falar com a população brasileira na maior emissora do país.

Como pesquisadora do campo dos estudos de gênero, pensando em Ana, Maria e Peri, imaginei o quão interessante pode ser observar concepções de feminino e masculino entre crianças por meio da escolha dos seus presentes. Deu alívio lembrar que o projeto Escola sem Partido foi arquivado. Alívio e não propriamente felicidade, pois – em termos de política institucional – tudo pode mudar a cada instante, como temos observado e sentido. De 10 de janeiro em diante, sentiremos mais, mais e mais.

Em que momento meu filho tomou gosto pelos jogos de tabuleiro? Como não percebi isso? Senti-me culpada, pensando na minha agenda de viagens. Nas responsabilidades acadêmicas, cada dia maiores. Nos desafios da guarda compartilhada. Todos esses sentimentos derivados do machismo, do racismo e do patriarcado, que cobram um preço muito alto a mulheres que ocupam lugares pensados para os homens.

Muito do jogo de tabuleiro deriva do maravilhoso processo de escolarização que Peri vivenciou na Escola de Educação Infantil. A UFRJ. Uma instituição que, conduzida exclusivamente por mulheres, forma crianças de zero a seis anos. É uma formação dentro de uma proposta pedagógica construtivista, focada no protagonismo dos pequenos e de suas famílias. Ao pensar nessa escola, sujeita a sucateamentos que envolveram surto de lacraias, ausência de material de limpeza, higiene etc., lembrei que, em 2019, Peri não estará mais lá. Fiquei feliz de no último dia de aula ter conversado com as crianças sobre amor e felicidade, dentro do Rio Oxum, que juntos fizemos e perfumamos com alfazema.

O menino dos dominós, xadrezes e bancos imobiliários concluiu seu ciclo na educação infantil. A UFRJ – maior universidade do Brasil – recusa-se a assegurar o seu direito e de mais oito crianças de darem continuidade aos estudos (fundamental e médio) no seu Colégio de Aplicação. Embora todos tenham ingressado na EEI através de sorteio, a gestão universitária alega que o CAP "não está preparado para receber nove crianças".

Mergulhada nesse mar em ressaca, passei quatro dias e meio em Itacaré participando da clínica de *surf* Meninas do Mar, idealizada pela surfista Jane Moraes. Estar em um balneário como uma mulher negra, surfista, classe alta rendeu altas ondas e reflexões. A que mais me marcou é que precisamos, de fato, investir nossas energias, para nos apropriar dos lugares que conquistamos. Aos 39 anos, com prancha embaixo do braço, barriga negativa e feminismo negro afiado "causei na cidade". Voltei para casa cheia de novos amigos, seguidores.

Existem muitas coisas para elaborar da viagem. A visita à Casa do Boneco, espaço de afirmação da cultura negra local. As conversas com Geisa e Ticiana, as incríveis cozinheiras da Pousada Ilha Verde, que carinhosamente anteciparam o horário do café para dar tempo de comer antes do *surf*. A ida ao restaurante de Nitinha e Joelma. Minutos após minha chegada, olhei para o outro lado da calçada. Deparei com uma casa com telhado revestido de mariôs. A folha sagrada do dendezeiro, utilizada para proteger os telhados das casas de axé e também para fazer o elixir de Iansã, uma de minhas mães espirituais ao lado de Oxum.

Ainda em Itacaré, coisas bonitas estavam por vir. Os encontros proporcionados pelas redes sociais levaram-me a Belizia e Renata Sirimarco, duas intelectuais negras que participam de projetos inovadores como a Casa da Dindinha, uma iniciativa colaborativa entre mulheres da região. As noites da viagem tornaram-se mais iluminadas. A luz, curiosamente, emanou de um lugar chamado Favela Coffee Shop, que com este nome polêmico rendeu profundas discussões sobre branquidade, machismo, racismo, turismo predatório, apropriação cultural. Haja Proa, minha cerveja artesanal favorita da viagem. Fabricada por mulheres da cidade baiana de Lauro de Freitas, as garrafas do rótulo verde aumentaram o desafio – que foi lindamente cumprido – de acordar às seis da manhã para surfar.

Na volta de Itacaré, com suas ondas ancestrais foi a vez de remar no mar de trabalho, conquistas e realizações alcançadas na UFRJ em 2018. No Programa de Educação Tutorial Diversidade, todos os bolsistas receberam menções honrosas pelas pesquisas apresentadas na Jornada de Iniciação Científica. Na disciplina Intelectuais Negras, terminamos o semestre nos abraçando. Lembramos o quanto foi importante estarmos juntos na terça-feira pós-eleições discutindo o texto "Intelectuais Negras: escritas de si", da professora Giovana Xavier. Obrigada, Nathalia Braga, pelos três anos trabalhando com todo amor e competência nesse projeto que é nosso. Para você, o até logo relaciona-se a voar mais e mais alto.

Existe de fato uma "ciência para o negro". Eduardo de Oliveira e Oliveira tinha razão e por isso foi silenciado nos currículos da Sociologia. Ela é uma ciência do aqui. Do agora, como disse o bolsista Wickson Moreira. Um fazer científico ligado às nossas histórias e experiências, reescritas com doses extras de humanidades que nos são negadas. As humanidades "insubmissas" que Flavia Oliveira narrou quando homenageada com a medalha Tiradentes na Assembleia Legislativa do Rio de Janeiro. Aquelas que Evelyn Beatriz Lucena narrou lindamente em sua dissertação[20]. Um estudo pioneiro com escritas de side mulheres escravizadas em anúncios de jornais do século XIX. Segurar com você seu diploma de mestre como orientadora tem a ver com as ondas ancestrais. Interpretar com o corpo-texto o Hino da Libertação dos Escravos

---

20 Evelyn Beatriz Lucena. *"Josefa Moçambique, Clara Rebolo, Joaquina de Nação e Quitandeira Monjolo: novas narrativas para o ensino de história da escravidão".* 2018. Dissertação (Mestrado em ProfHistória - Mestrado Prof em Ensino de História) - Universidade Federal do Rio de Janeiro

(1889), de Maria Firmina dos Reis na Festa Literária das Periferias. Dançar o quadradinho, a pipa e o *cowboy* com adolescentes do Colégio Estadual Olga Benário Prestes que dedicaram um semestre a estudar a minha trajetória é mais uma onda dropada. Com direito à paródia que pegou: "Essa é a preta dotora, diploma de ouro." Obrigada à professora Joice Silviano e à comunidade escolar pela linda festa.

Em meio a tantas conquistas individuais e coletivas, o clima por aqui é de otimismo. Desejo de abraçar mais e mais a mudança. Olhando para trás e pensando nas perguntas que fiz por aqui em 2018. "O que tem de novo na palavra resistência?" Arrisco a resposta. Entender que o encontro com a gente mesma é o primeiro passo para mulheres que se propõem o desafio de mover estruturas. 2018, missão cumprida, com direito a flores para Iemanjá entregues do alto da Pedra do Arpoador. Obrigada por isso, Amanda Neri. Sua benção! Mas e quanto a Peri, o Natal e os jogos de tabuleiro?

Em uma mesa de bar, enquanto os lindos pacotes que embalavam os presentes eram desfeitos, uma moça negra, em situação de rua, passou. Quando nos viu, parou. Antes que o segurança a expulsasse pediu um "pouquinho de batata frita". Peri olhou para mim, para ela e disse "mamãe temos de dividir tudo que temos com quem não tem". Na uma hora e meia de encontro a que tive direito com meu filho, entendi que nossa vida é o próprio jogo de tabuleiros. Cabe a gente aprender a manuseá-lo. Isso aliviou minha culpa. Filho, mamãe chegou no tempo certo, com tudo que a gente precisa para se permitir ser feliz e surfar nas ondas ancestrais.

Feliz Natal para você e para todo mundo que neste mundo louco acredita que é possível viver de amor!

Publicado no *Nexo Jornal* em 24 de dezembro de 2018.

E quando a mamãe vira torcedora

Em entrevista recente à Casa TPM 2018, a jornalista pergunta: "Como podemos contribuir para mudar o mundo?" Em primeiro ato, a amplitude da questão gerou-me incômodo. Na verdade, pânico de me tornar a mensageira de vazios como "respeitar o outro", "ser mais tolerante", "reconhecer que somos todos humanos" etc. Recusando essas abstrações, respondi: "A chave está com as crianças. Precisamos ouvi-las mais." Formulei a ideia confiante, pensando em todas as vezes que meu filho, da forma mais simples, coloca limites nas situações que o incomodam. "Quero ir embora", "não gostei", "isso é chato", "não foi legal". Ou, quando espontaneamente, grita "bravo", bate palmas para artistas de rua, identifica a favela da Maré da janela do ônibus, pede para guardar um pedaço de bolo do aniversário para o motorista do transporte escolar, dá bom dia para pessoas em situação de rua.

As formas pelas quais as crianças constroem seus lugares de fala deveriam ser conteúdos ensinados em todas as aulas. Com a Copa do Mundo, essa certeza aumentou. Historiadora, devidamente formada para criticar símbolos como hinos, bandeiras, brasões e outras alegorias do nacional, vi-me confrontada com três camisas da seleção brasileira estendidas em cima da cama do meu namorado. "Uma para mim. Outra para você. Outra para o Peri." Não foi a primeira vez na vida que tive uma camisa do Brasil ou que assisti aos jogos. Mas foi a primeiríssima, em muitos anos, que me percebi – nua e crua – como torcedora.

Esse lugar, considerando o caos em que o Brasil se encontra, causou-me inicialmente muito desconforto. Vozes internas ecoavam: "o Brasil é o país que mais mata pessoas trans". "No Brasil, a cada 23 minutos um jovem negro é assassinado". "0,4% das professoras doutoras na pós-graduação são pretas", "Foi o blindado. Ele não me viu com a roupa da escola".[21]

Em meio a essa coisa toda, reparei que eu estava me escondendo na figura da mamãe torcedora. No começo, usei a alegria e a adesão de meu filho à Copa do Mundo como justificativa do meu lugar de quem vibra, torce. Percebi isso quando postei uma foto da família uniformizada. Para ficar bem na fita escrevi na legenda: "O que não fazemos por amor". Senti-me péssima com essa mensagem. Ainda bem que nossos pensamentos podem ser editados, não é mesmo "Tradicional torcida brasileira"?

A mamãe @pretadotora aprendeu com Peri que é preciso virar o jogo. Graças ao fato de ouvi-lo, passou a se perguntar: e se, em vez de sobreposições, as verdades duras fossem cruzadas ao direito de torcer em família? Ela lembrou que o filhote foi fundamental para a grande virada. Olhando sua performance durante a Copa, ela entendeu que o jogo era o que é: apenas um jogo. Foi essa leitura de mundo, que tanto a encanta, que permitiu que o menino praticasse a liberdade. Danado, o pequeno assistiu às partidas brincando com seus jogos eletrônicos, correndo pela casa, mudando a televisão de canal, pedindo pão de queijo. Vivendo a vida. De boas.

A mamãe curtiu tanto vestir a camisa da brasilidade não somente por ele, mas, principalmente por si própria. Afinal, ela se dedica todos dias a construir um país mais democrático, em

---

21 Frase dita por Marcos Vinicius Silva para a mãe Bruna Silva após ser baleado por policias quando ia para a escola, localizada no Complexo de Favelas da Maré. In: Julia Barbon. *"Bandido não carrega mochila"*, diz mãe de 14 anos morto no Rio". Folha de São Paulo, 21 de junho de 2018.

que as humanidades sejam respeitadas. Sair pelas ruas ou deitar no sofá vestindo verde e amarelo a fez livre. Livre para criar um sentido de ser brasileira que passa por valorizar a alegria, a leveza, a família e o amor ao esporte como direitos que nos tornam pessoas melhores, frente a tantas violências.

Quando o Brasil foi eliminado, a mulher já se via tão torcedora como a mãe. No guarda-roupa, evoluiu da camisa para o casaco oficial da seleção, que ganhou de presente. Deu pareceres, gritou na janela, discordou dos técnicos. Diante da tristeza com o resultado, pensou no seu menino.

Sexta de manhã, o pequeno acordou pedindo para vestir a blusa do "time Brasil". Tomou café paramentado, deu seu tradicional "tchau, mamãe" e partiu com o pai. Foram assistir, na casa da vovó, ao jogo contra a Bélgica. Com esse filme na mente, ela perguntou ao pai do filho: Peri ficou abalado diante da eliminação? "Não, estava com a camisa da seleção brincando com o primo." #euacreditonomeninoperi. Obrigada, filho!

Publicado no *Nexo Jornal*
em 09 de julho de 2018.

Você não tem mesmo com quem deixar seu filho?

Dedico minha coluna da semana a um debate já antigo: a imposição da educação infantil como responsabilidade exclusiva das mulheres, fato que caminha junto com a hostilidade com a qual mães e crianças são tratadas em espaços públicos, especialmente em ambientes de trabalho.

Essa ideia surgiu depois que perguntei à comissão organizadora de um evento acadêmico se havia um espaço para cuidados infantis. Em resposta, ouvi – de novo –, que "infelizmente o seminário não dispõe dessa estrutura" e que os adultos "precisarão aprender a lidar com as crianças que estiverem presentes". Essa fala é problemática em vários sentidos.

O primeiro é por já começar tratando criança e a convivência com ela como um problema inevitável que precisará ser administrado, quando na verdade estar com elas é uma grande oportunidade de aprender a descolonizar o pensamento, para usarmos um conceito em voga nos círculos mais progressistas de pesquisadores. Quem é mãe e já passou pela experiência de ter de levar filhos para atividades profissionais sabe bem do que estou falando. Olhares de incômodo, psius, ausência de utensílios básicos como trocadores de fralda e brinquedos. De salas e profissionais especializados nesse tipo de cuidado são algumas das questões com as quais temos de lidar. Ainda que promovamos eventos com programação sofisticada e conhecimentos altamente qualificados, inclusive com pesquisas de ponta sobre gênero e trabalho, naturalizamos a mensagem que produzir ciência é um assunto de homens. Mulheres, no máximo, devem participar como plateia, mostrando a habilidade em manter as crias quietinhas. Isso porque, como disse acima, o cuidado e a educação das crianças são vistos como um trabalho compulsório da alçada feminina. É inimaginável visualizar grupinhos masculinos conversando sobre "culpa paterna", por exemplo.

Em geral, homens com filhos "escolhem" se querem e como irão significar a condição de pai. Mesmo quando existe uma divisão do trabalho, esse imaginário de "você tem de levantar as mãos para o céu porque fulano é um excelente pai" acaba fazendo com que a mulher sempre fique com a maior parte da responsabilidade. Isso inclui ensinar, com toda paciência e generosidade, aos superpais tarefas óbvias. Ler e escrever diariamente na agenda, arrumar mochilas, providenciar lanches, peças de roupa extra, escovar dentes até levar a médicos, dentistas e o que mais for necessário em termos de proteção e cuidado. Os contratos familiares, assentados em tratar de forma elogiosa as obrigações executadas por homens no universo doméstico, são a cultura do patriarcado na veia.

Insere-se também nesse contexto de falta de políticas e infraestrutura específicas que viabilizem a conciliação entre as necessidades da família e as atividades profissionais o fato de o Brasil ser construído sobre as bases de uma cultura escravocrata e patriarcal. No país, cuidado terceirizado, um privilégio das classes alta e média, é naturalizado como uma atividade menor. Isso justifica exploração, remuneração precária e não cumprimento dos direitos trabalhistas básicos assim como a difícil separação entre profissional e pessoal nos vínculos estabelecidos. Ainda que a Projeto de Emenda Constitucional n. 72/2015, conhecido como PEC das Domésticas, tenha trazido avanços significativos, todo esse cenário promove uma lógica de desacolhimento à maternidade e às suas praticantes. Mulheres pressionadas e desgastadas diante das negligências e incompreensões.

Lembro que em certa ocasião, participando de uma reunião de trabalho, solicitei meu desligamento de projeto coletivo. Aleguei ser mãe de uma criança de 3 anos com a qual gostaria de passar mais tempo junto (só para constar, pensemos em um homem fazendo esse discurso durante uma reunião de trabalho). Em resposta, ouvi das colegas, hoje mães de pessoas adultas, que todas conseguiram conjugar a criação de seus rebentos com o trabalho, de forma bem-sucedida, sem o "privilégio" de serem liberadas de obrigações profissionais. Afinal, diziam elas, o mais importante era o "compromisso com a educação pública", que infelizmente "nem todo mundo ali possuía". Em retribuição, perguntei se poderíamos conversar sobre história da escravidão e do trabalho doméstico no Brasil. Isso ajudaria a explicar o porquê de em sociedades pós-escravistas o "direito" de delegar a outras a educação e os cuidados infantis é assegurado. Liberada, a contragosto do grupo, troquei o projeto, que continuou um sucesso, pelo trabalho doméstico. Dessa vez, como mãe e dona de casa, responsável pela elaboração dos cardápios do Peri, por cuidar das suas roupas, promover passeios cotidianos às pracinhas em parceria com o pai, que, por sinal, assume suas responsabilidades. Mas o próprio fato de precisar mencionar isso, caso contrário poderei ser considerada "injusta", já é algo a se pensar. Como debatemos no Programa Querendo Assunto, temos aqui mais uma atribuição: a de ter de elogiar a paternidade ativa, naturalizando a lógica do "acima da média".

    O fato é que nunca esqueci o desconforto vivido naquele dia devido à falta de empatia frente a uma mãe que expressa o desejo de querer participar de perto da educação de uma criança. A sensação de culpa a ponto de duvidar de que minha reivindicação fosse realmente a coisa certa corroeu-me durante horas, dias, meses. Passados três anos desse episódio, vira e mexe, a corrosão retorna. Quando vejo jovens estudantes das classes baixas abandonando a graduação e a pós sob a justificativa de que "se tornaram mães": "Professora, eu não tenho mesmo com quem deixar meu filho(a)." Ou quando me deparo com crianças em salas de aula ou corredores, sem acesso a nenhum tipo de estrutura. Desde um trocador de fraldas até lápis de cor, papel, brinquedos, alimentação. Quando escuto comentários ou identifico os olhares de irritação e reprovação proferidos por colegas que caracterizam a presença infantil na universidade como "inadequada". Ou ainda ao constatar a inexistência quase absoluta de espaços para cuidados infantis em congressos acadêmicos (muitos, como no caso da Associação Nacional de História, ocorrem em julho, mês de férias escolares). Esse cenário de negligência gerou a petição pública de um grupo de discentes e docentes associados à Associação Nacional de Pós-Graduação e Pesquisa em Ciências Sociais para reivindicar políticas de cuidado infantil nos encontros científicos. Nesses momentos, percebo o quanto adultos estamos distantes de "aprender a lidar com as crianças presentes".

Mas o que esse mar de histórias nos ensina sobre infância, maternidade e sua história no Brasil?

Em primeiro lugar, fica evidente a existência de uma cultura de descaso com crianças e seus processos educativos. Isso explica o fato de, desde cedo, aprendermos que o ato de educá-las é algo menos importante ("Para que ir para escola se é só para ficar brincando?"). A naturalização dos cuidados infantis como coisa de mulher guarda relações com a organização política do país, assentada em pedagogias de gênero – à la "bela, recatada e do lar". Pedagogias que consideram que o poder político e o mundo público são domínios dos homens, ao passo que o cuidado com a casa, a família e todo o universo privado são searas femininas.

Quem são a maioria de clientes de supermercados, feiras livres, reuniões escolares?

Essa distribuição de papéis com base na violência de gênero gera como consequência uma atmosfera de culpa, pressão e cobranças que afeta drasticamente as vidas das milhões de mães brasileiras que carregam os ruídos opressores do "eu não vou dar conta". Voltando às minhas colegas de trabalho, suas posturas, ainda que assentadas em privilégios brancos, também são derivadas desse medo produzido pelas articulações entre capitalismo, machismo e produtivismo. Por meio de uma série de subterfúgios como campanhas publicitárias e estabelecimento de parâmetros irreais de produção acadêmica, institui-se a verdade de que para sermos profissionais "bem-sucedidas" somos obrigadas a "abrir mão" dos filhos e da família.

Como sentimos diariamente na pele, a coisa certa, que consiste em viabilizar espaços mais acolhedores, democráticos e paritários, segue em disputa.

Publicado no *Nexo Jornal*
em 16 de abril de 2018.

Professoras da educação básica: presença sentida

Na semana retrasada, meu colega de *Nexo,* Claudio Ferraz publicou um excelente texto[22] sobre os impactos da sub-representação de mulheres na política institucional brasileira. A conclusão de que "a identidade de quem governa tem um efeito enorme sobre o tipo de políticas públicas que são implementadas" reportou-me a debates que participei, em 2017, na Escola de Educação Infantil da Universidade Federal do Rio de Janeiro, como mãe de Peri.

A EEI-UFRJ é uma instituição de acesso universal (sorteio) que prioriza o diálogo e o fazer com as famílias em seu projeto político pedagógico. Para quem acompanha os bastidores do sistema educacional brasileiro isso é uma raridade. Nessa linha de gestão participativa, ao longo do referido ano, nos encontramos diversas vezes em rodas de conversa, cineclubes e reuniões de famílias para discutir gênero e sexualidade na educação infantil. Permeados por medos e contrariedades diante do conservadorismo de programas como o Escola sem Partido, chamou-me a atenção a fala de um dos pais em nosso grupo de *Whatsapp*. Estava preocupado em saber como poderia "discutir gênero" com sua filhota de 4 anos.

Entre comentários, *links* de textos, acordos e desacordos, comentei sobre papéis de gênero que naturalizamos. O quadro docente e gestor da escola, a cozinha, os serviços gerais, a enfermaria e o setor de nutrição conduzidos por mulheres. A

---

22 Claudio Ferraz. **Por que temos tão poucas mulheres na política brasileira e por que isso importa?** Nexo Jornal, 21 de março de 2018. Disponível em: https://www.nexojornal.com.br/colunistas/2018/Por-que-temos-tão-poucas-mulheres-na-pol%C3%ADtica-e-por-que-isso--importa

segurança por homens, à exceção de uma mulher que integra a equipe. para além de conteúdos formais trabalhados em sala, nas atividades pedagógicas, essa divisão sexual do trabalho é uma forma cotidiana de educar as crianças dentro de definições binárias e biologizantes de feminino e masculino.

Nesse e em tantos outros exemplos, o que me salta aos olhos é que, por mais que gênero seja uma categoria vivida em tempo integral, decodificá-la é tarefa desafiadora. Existem muitas barreiras para olharmos os conceitos na prática. Isso se reflete na maneira com a qual lidamos com a escolarização. Todavia, refletir sobre estereótipos e desigualdades é fundamental para educarmos futuras gerações na e para a diversidade. Essa conversa tem tudo a ver com o lugar que destinamos à educação pública em nossas agendas individuais e coletivas. Em 2010, dos 2 milhões de professores da educação pública, 1,6 eram mulheres. Ao mesmo tempo, em uma rápida pesquisa na internet com a palavra-chave "escola pública", todos os *links* que aparecem são de referências negativas e desastrosas. Por exemplo, nesta matéria: "O ensino público no Brasil: ruim, desigual, estagnado", da revista *Época*, que começa da seguinte forma:

> Mais de 65% dos alunos brasileiros no 5o ano da escola pública não sabem reconhecer um quadrado, um triângulo ou um círculo. Cerca de 60% não conseguem localizar informações explícitas numa história de conto de fadas ou em reportagens. Entre os maiores, no 9o ano, cerca de 90% não aprenderam a converter uma medida dada em metros para centímetros, e 88% não conseguem apontar a ideia principal de uma crônica ou de um poema. Essas são algumas das habilidades mínimas esperadas nessas etapas da escola, que nossos estudantes não exibem.
>
> (Carla Guimarães, 2015.)[23]

---
23 GUIMARÃES, Carla. *O ensino público no Brasil: ruim, desigual e estagnado*, Época, São Paulo, 2

Inspirada pela intelectual pública e pedagoga bell hooks, vale se perguntar: como "abraçar a mudança"?[24] Esse movimento passa por conhecer, se apropriar das políticas públicas educacionais e por mantermos diálogo com profissionais da educação básica, reconhecendo a relevância das mulheres na área.

O manter-se em diálogo é eficaz para ressignificar o feminino, estigmatizado como a identidade do privado, da fragilidade, da insegurança. Em escolas de todo o Brasil, existem mulheres que se dedicam – dentro do universo cada vez mais limitado de recursos para a pasta da Educação – a desenvolver trabalhos marcados pela originalidade, competência e engajamento com a democracia. Somos uma "presença sentida", como define a professora Alessandra Nicodemos, da Faculdade de Educação da UFRJ.

Certa vez, conversando com Claudielle Pavão, ela me contou que desenvolveu com sua turma uma atividade relacionada à história do trabalho no Brasil. Para ensinar "Era Vargas", a professora solicitou que estudantes levassem cópias das carteiras de trabalho de seus familiares. Ao perguntar o que aquele documento representava, as respostas da maioria da turma relacionaram-se a "manterem-se vivos". Essa formulação brotou das associações diretas que fizeram com os sucessivos casos de execução sumária e autos de resistência nas favelas cariocas. Claudielle poderia ter – de "forma neutra" – apresentado as informações técnicas do documento. Em vez disso o explorou em sua dimensão passado-presente, articulando-o às vivências de seus estudantes.

Assim como ela, existem muitas educadoras que praticam sentidos reais de currículo. Um desses exemplos é o da professora

---

24 bell hooks. "Abraçar a mudança: o ensino no mundo multicultural". In: _____. _____. *Ensinando a transgredir: a educação como prática da liberdade.* São Paulo: Martins Fontes, 2013.

Janete Santos Ribeiro, que, enfrentando as barreiras para realização de aulas fora da escola, desbrava a cidade do Rio de Janeiro com suas turmas. Janete, por conta própria, contacta instituições culturais (cinemas, museus, teatros etc.) solicitando ingressos para levar seus estudantes. Na volta das atividades, a experiência se transforma em conteúdos formais. Foi esse o caso da aula de campo em que assistiram às peças "Tragam-me a cabeça de Lima Barreto" e "O topo da montanha".

Já Lenna Carolina Vernin indigna-se com o fato de que, embora morem na região, seus estudantes não conheçam o Centro da cidade do Rio de Janeiro. Sentem-se inibidos pelos olhares, falas preconceituosas. Para escrever novas histórias, a professora promove aulas e trabalhos de campo em lugares como o Campo de Santana, o Real Gabinete Português de Leitura e o Centro Cultural Banco do Brasil.

Em meio a tantos exemplos, o fato da educação e do cuidado serem interpretados como obrigação das mulheres também explica a situação de precariedade da educação pública no Brasil. O que significa sermos educadas por mulheres em casa, nas escolas e universidades e, ao mesmo tempo, a qualidade e relevância do nosso trabalho ser questionada?

Essas indagações, inevitavelmente, reportaram-me à execução da vereadora Marielle Franco. E, sim, precisamos continuar falando de Mari! Sobre o que sua imagem e memória representam para história do país. Esse é o caminho para construiu projetos de democracia nos quais o trabalho de mulheres e a valorização da educação pública ocupem o centro da narrativa.

Publicado no *Nexo Jornal* em 02 de abril de 2018.

O meu lugar: feliz dia das mães!

"Parabéns por sua trajetória brilhante!" Foi ao som destas palavras que meu domingo de Dia das Mães iniciou-se. A fala de tia Lena guarda relação com meu passado-presente. A despeito das significativas conquistas das populações negras nos últimos anos, continuamos sendo exceção nos lugares de reconhecimento e prestígio. Isso gera a nossa convivência forçada com a ambígua imagem do brilhantismo. Se por um lado ser brilhante aponta para transgressões à realidade de pobreza e marginalização das famílias negras, quem reluz vê-se diariamente confrontada com o violento lugar da excepcionalidade.

Dependendo das lentes com as quais escolhemos encarar, os raios refletem a regra. Somos exceção. O regramento é o da violência, pobreza, criminalização e patologização da população negra no Brasil. Um predomínio gritante como demonstram o Movimento das Mães de Maio de São Paulo, protagonizado por mulheres como Debora Maria da Silva, que ao lado de suas companheiras "escreve de dentro da guerra".

***

Como acadêmica negra, aprendo diariamente com meus estudantes, que é à custa do racismo institucional com suas violências naturalizadas (muitas das quais acompanhamos de perto com amigos e familiares) que nossas próprias trajetórias meritocráticas ganham forma. Apostando que as celebrações devem ser momentos para refletir sobre desigualdades, é oportuno relacionar o Dia das Mães aos passados-presentes da escravidão que constituem a história do Brasil.

O Dia das Mães foi uma data que sempre me incomodou. Quando era criança, as festas na escola aconteciam sem a presença de minha mãe. Cresci ouvindo que ela não podia ir porque estava trabalhando. Penso que reside aí, num desses becos da memória, uma das explicações do porquê de ter me tornado historiadora das relações de gênero. Uma filha que em determinado momento aprendeu que, menos do que não poder ir, as festas eram planejadas para que trabalhadoras não conseguissem comparecer.

Esse violento aprendizado da separação entre estudo e trabalho relaciona-se com desigualdades estruturadas de tal forma que nos fazem naturalizar a existência do direito de estudar e do dever de trabalhar. Ainda hoje, milhões de crianças são educadas assim. Através da ideia de que em sendo negras e pobres, estudar significa aprender a ler, escrever e fazer contas. É por causa dessa visão, relacionada ao passado da escravidão, à precariedade do trabalho no pós-abolição e ao ódio de classes que universitários pobres repetem: "este lugar não é para mim".

Em sociedades pós-escravistas, a ideia de que cada pessoa tem seu lugar permanece recriada de diversas formas. Basta observarmos os números do trabalho doméstico, de jovens negros assassinados por agentes do Estado e das 200.000 crianças e adultos (especialmente mulheres) que vivem em situação de escravidão. A convicção de que há lugares de classe, raça, gênero, sexualidade estáticos compõe um legado presente em debates parlamentares como o da redução da maioridade penal, do Escola sem Partido, da criminalização do aborto. Um legado que explica a admissão do processo de *impeachment* contra a Presidenta Dilma Roussef (até o presente momento anulado pelo presidente interino da Câmara, o deputado Waldir Maranhão).

A despeito das críticas ao governo, que não nos faltam, o que ocorre é que há um ódio generalizado frente às conquistas das classes pobres, que pela primeira vez na história ocupam lugares exclusivos das classes altas. Se nos meus tempos senti saudade de muitas coleguinhas que foram embora da escola para trabalhar como empregadas domésticas, essa prática hoje, embora ainda aconteça, também diminuiu bastante graças a programas sociais como o Bolsa Família.

Tal política tem garantido o acesso a direitos essenciais como alimentação, educação e saúde. Infelizmente,"cidadãos de bem" desconsideram que a bolsa do governo, que varia de R\$35 a R\$336 por mês (a depender da renda e tamanho da família), contribui para combater a extrema pobreza no país. Isso relaciona-se com discussões sobre mulheres, maternidade e direitos. Com o compromisso de manter as crianças onde elas devem estar, na escola. Que bom que vivemos (ainda) em uma sociedade democrática, na qual podemos discutir organização dos direitos e escrever a história através de diferentes pontos de vista.

E por falar em combate à história única, o documentário *Severinas*, de Eliza Capai[25], destaca-se como uma poderosa leitura ligada aos sentidos empoderadores que a maternidade pode assumir. Através da produção, conhecemos trajetórias de mulheres como Elenilde Ribeiro, Luzia Alves Rocha e Norma Alves Duarte, sertanejas de Guaribas, no Piauí. Com o Bolsa Família, elas e suas famílias experimentam o direito à maternidade e à família libertando-se da miséria, fome e domínio masculino. Para quem se preocupa com o "bem de todos e a felicidade geral da nação", vale olhar a pesquisa de Walquiria Leão Rego e Alessandro Pinzani.[26] Autores mostram que 90% dos cartões

---

25 Eliza Capai (dir.). *"Sevrinas: as novas mulheres do sertão"*. Agência Pública, 2013. Disponível em: https://apublica.org/2013/08/severinas-novas-mulheres-sertao/
26 Walquiria Leão Rego; Alessandro Pinzani. *Vozes do Bolsa Família: autonomia, dinheiro, cidada-*

BF estão em nome de mulheres-mães e que mais de 96% de estudantes de famílias beneficiadas pelo referido Programa Federal permanecem na escola.

Para muitas pessoas da tradicional família brasileira, que estudaram e tornaram-se naturalmente "intelectuais", tais dados podem ser considerados vitimistas ou, no senso comum mais estapafúrdio, um estímulo à pobreza e à natalidade "descontrolada". Por meu turno, acredito que a narrativa de indignação das elites contra o Bolsa Família liga-se também a disputas desiguais em torno dos sentidos e direitos circunscritos a ser mãe no Brasil.

A libertação da miséria proporcionada pelo BF faz-nos pensar que conquistar tem a ver com lutas diárias – individuais e coletivas – de organizações, famílias e sujeitos comprometidos com transformações que somente um governo democrático, que dialoga com os movimentos sociais, pode assegurar.

Ao comentar sobre transformações, precisamos também falar mais da necessidade de seguir lutando pelo respeito às diferentes concepções e formas de construir e experimentar a família. É necessário que façamos isso através de pontos de vista nos quais gêneros e sexualidades plurais e dissidentes sejam respeitados.

A assinatura, em 28/04/2016, pela Presidenta Dilma do decreto que reconhece o direito ao uso do nome social e da identidade de gênero por pessoas trans em órgãos públicos federais, assim como o reconhecimento da família homoafetiva pelo Supremo Tribunal Federal, em 2013, fazem parte deste movimento democrático. Mas nem tudo são flores. Não dá para esquecer que vivemos num dos países que mais mata mulheres e homens que não possuem identidades de gêneros e sexualidades normativas. Ontem, ao entrar em um táxi, lembrei das pessoas

---

nia. São PAulo> EDUNESP, 2013.

dissidentes com quem diariamente aprendo. Mulheres e homens trans que têm o direito à maternidade negado. Lésbicas que pagam altos preços ao desafiarem as associações entre maternidade e heterossexualidade. Pensando em disputa de narrativas, vale ressaltar o movimento crescente em escolas, que substituem o Dia das Mães (e dos Pais) pelo Dia da Família. Trata-se de mobilização importante; mas ainda há muito o que ser feito para que a maternidade não seja resumida a um acontecimento biológico. Para que a representatividade homoparental não seja pensada como ficção, ilustrada por personagens que aparecem de tempos em tempos em telenovelas.

Frente a tantas urgências, como não se chocar com a propaganda de rádio do Democratas, veiculada no último dia 07 de maio? Uma verdadeira doutrinação para que "cidadãos de bem" lutem contra a ideia que o gênero se constrói durante a vida e não quando os bebês nascem. Afinal, segundo a locutora, o DEM defende a certeza de que "a família é um projeto de Deus". Em um país que lidera as estatísticas de crimes de transfobia, continuaremos lutando para que falas como essa sejam punidas e contestadas nas escolas e universidades. Manteremos nosso trabalho intelectual a serviço da diversidade de famílias e deuses que nos constituem como sujeitos.

Como defendeu Mônica Lima, estaremos juntas "Pela desobediência"[27] às histórias únicas. Um desobedecer praticado de forma instigante pelo movimento de ocupação das escolas estaduais do Rio de Janeiro, protagonizado por jovens negros e pobres, estudantes do Ensino Médio, que constroem em seus termos a escola que querem e acreditam.

Neste mês de maio, como mãe, desejo um Feliz Dia das

---
27 Mônica Lima. *"Pela desobediência"*. Conversa de Historiadoras, 03 de maio de 2016. Disponível em: https://conversadehistoriadoras.com/2016/05/03/pela-desobediencia/

Mães especial para as 13,9 milhões de beneficiárias do Bolsa Família. Mulheres brasileiras responsáveis por cuidar de meninas como Mirele Alves da Rocha Lima. Uma jovem, que do auge de sua sabedoria de 18 anos, nos ensina, no mês de aniversário da abolição da escravatura, sobre lutas pela liberdade:

> Eu vejo a realidade da minha mãe e não quero seguir pelo mesmo caminho. Eu quero estudar para ter um futuro, para ser independente, para não ficar dependendo de um homem.

Publicado no *blog Conversa de historiadoras* em 09 de maio de 2017.

#crowdflorido

"Tornei-me o que eu mais temia". Potencializando a característica marcante em minha escrita – o cruzamento da linguagem acadêmica com a das redes sociais, utilizo esta expressão para pensar minha trajetória como colunista. Caminho marcado pelos efeitos do racismo e do machismo desde a definição de pautas, narrativas até a repercussão que meus escritos geram em parte do público leitor branco. Através desse repasse, no presente capítulo, trago textos que ressaltam a enorme dificuldade de pessoas negras viverem como o que são: seres humanos.

Confrontadas vinte e quatro horas pelo racismo nas suas variadas formas (ambiental, institucional, estético, religioso), enfatizo a importância muito autocuidado para não condicionar as nossas existências a reagir ou provar que somos capazes. Situações mais corriqueiras, desde a ida a um bloco de Carnaval, podem se transformar em episódios trágicos, produtores de grandes dores, expressas em ritos de carnavalização da negritude. Isso se dá na forma de perucas, indumentárias religiosas, uniformes de trabalho, mas principalmente na não escuta e desqualificação das denúncias contra essas violências raciais.

Trilhar caminhos que possibilitem falar de coisas que nos fazem bem insere-se no compromisso com o que conceituo "restituição de humanidades negadas".

Tornei-me o que eu mais temia: uma colunista negra que só fala de racismo

Lembro até hoje do dia em que recebi uma ligação do José Orenstein. Era uma tarde de segunda-feira. Eu já havia colaborado com o *Nexo*, entrevistada como historiadora.[28] Essa participação, na qual pude, através de cinco perguntas, refletir sobre agendas acadêmicas foi um divisor de águas na minha trajetória. Na ligação, meu futuro editor foi direto ao ponto. Falou-me do desejo do jornal de me ter integrando sua equipe de colunistas.

Evito dizer que convites como esse são surpreendentes. Afinal, preencho todos os requisitos: sou doutora, competente, comprometida com a educação. E de quebra: sou mãe, possuo milhares de seguidores nas redes sociais que acreditam no meu trabalho, pego ondas, publiquei livros, danço, faço yoga, frequento feira orgânica. Apesar dos requisitos cumpridos brilhantemente, durante muito tempo foi impactante ser convidada para ocupar espaços que não são pensados para mulheres negras. Essa surpresa ocorre porque devido ao racismo e ao machismo possuímos diversas histórias de desqualificações de nossas trajetórias profissionais. E com elas somos levadas a considerar imperdíveis convites que representam o básico: respeito e valorização de quem somos. Do trabalho que realizamos.

Aceitei de bom grado o tempo para pensar porque em diversos casos adjetivamos oportunidades como "imperdíveis" e

---

28. José Orenstein. *"Como me tornei historiadora"*. Entrevista com Giovana Xavier, Nexo Jornal, 16 de outubro de 2017. Disponível em: https://www.nexojornal.com.br/profissoes/2017/10/16/Como-me-tornei-historiadora.-E-a-vida-entre-livros-e-salas-de-aula

isso nos cria muitos problemas. Descobrimos das piores formas que ganhamos menos, trabalhamos mais. Que as expectativas em torno dos nossos resultados são absurdamente maiores. Tudo isso tenho aprendido no intenso processo de crescimento profissional.

De volta ao convite, após conversar com amigas queridas e experientes, decidi aceitá-lo. Entrei em contato com Zé para falar-lhe a boa nova. Lembro que quando iniciei o papo estava obstinada por um aspecto. "Aceito. Mas não quero ocupar o lugar da colunista negra, que, em sendo a única, vai se tornar a porta-voz oficial e exclusiva da pauta racismo no Brasil dentro do jornal". Ele, generosamente, conversou comigo a respeito. Tempos depois, brotou desse contradesejo meu texto inaugural: "Que tal falar do que não sei?" Realizada a esperada estreia como colunista, apareceram imediatamente os primeiros desafios.

Um dos leitores deixou assim registrada suas impressões sobre a coluna:

> Achei uma apresentação temerosa, sem firmeza e com erros de português. A própria abordagem da apresentação mostra insegurança... Todavia, que tenha sucesso entre seu público.

"Sem firmeza". "Com erros de português". "Que tenha sucesso entre seu público". O motivo pelo qual este comentário está transcrito aqui não é para tretar. O conteúdo do leitor frustrado é uma espécie de janela. Um ponto de observação para refletir sobre o fato de que pautar o que der na telha é parte da história do privilégio no Brasil. Em outras palavras, trata-se de um direito que não é para todos.

Chega a ser engraçado (para não dizer outra coisa), por exemplo, imaginar um jornal respeitado e de grande circulação contratando colunistas que não dominam as normas cultas da língua. Que não tenha um corpo editorial que revise os conteúdos. A graça evocada pelas três frases do moço revelam o óbvio. Independentemente do que façamos, existe uma ideia e um lugar pronto esperando pela gente. Tais quais as favelas, brilhantemente nomeadas por Carolina Maria de Jesus como nosso "quarto de despejo".

    O ano ainda não chegou ao fim e fiquei pensando em quantas coisas legais fiz até aqui. Adoraria falar especificamente sobre cada uma delas, em vez de passar batida por ser obrigada a falar de racismo. Em janeiro, participei de uma missão científica na Universidade Hebraica. Tive a incrível oportunidade de visitar Israel e Palestina a convite dos professores Michael Gherman, meu amigo da graduação, e James Green. De conhecer ativistas fantásticas como as do grupo Mulheres pela Paz. De comer *kebab* até não conseguir levantar da cadeira. De visitar o mercado árabe. Sentir os cheiros dos temperos. Encantar-me com a beleza e as cores das echarpes, das louças. De chorar, lamentar e me revoltar a cada muro, cerca ou barreira policial. De ter contato com projetos inovadores como o da Escola de mãos dadas. Uma instituição que educa crianças judias e árabes para que não existam mais muros. Marcos Gorinstein (Marquinhos), meu amigo dos tempos do movimento estudantil, é professor de jiu-jitsu lá.

    Gostaria, por demais, de me dedicar a escrever sobre o mês de abril, quando comecei as aulas de *surf*. Nesse tempo, descobri os efeitos curativos do mar. O desafio de me tornar aluna nas águas. Os caminhos para a compra da melhor prancha. A viagem a Itamambuca para aprender mais sobre o esporte na Escola de Surf da bicampeã brasileira Suellen Naraisa. Amaria aprofundar meus escritos em março, mês do aniversário da minha avó Leonor, que me ensinou a escrever em casa. Foi nesse tempo que, dez anos depois de ter morado nos EUA como estudante, retornei ao país na condição de palestrante em Harvard University. Conferencista na New York University, onde, em 2009, como bolsista sanduíche, assisti entusiasmada à transmissão da cerimônia de posse do presidente Barack Obama, em seu primeiro mandato.

Quero muito contar que nos dois dias em que estive de volta à capital do mundo, reencontrei minhas amigas Janny Lannos e Yuko Miki. Agora, assim como eu, a antropóloga e a historiadora são mães. Da Luna, do Matias e da Ayumi. Falar que fui com Janny num *beer garden* do Brooklyn. Uma noitada que fez com que a gente se sentisse Nola Darling. Desejava compartilhar que em abril fiz 39 anos. Que no domingo, 8, dia do meu aniversário, saí no *Front* do caderno *Ela*. Que contemplei o mar apenas para agradecer. Que, em maio, estive em Belém do Pará. Fui recebida pelas juízas do trabalho Elinay Melo e Andrea, feministas incríveis que compartilharam os diversos sentidos de mulher e maternidade que podemos colocar em prática. Que nas férias de julho tive a oportunidade de, pela primeira vez na vida, passar uma semana em um hotel fazenda com meu filhote.

Todas essas são histórias que eu adoraria explorar em detalhes porque elas fazem com que eu me sinta o que sou: uma pessoa. Um ser humano. Uma vivente. Para além de mim, de como me sinto, essas histórias confirmam que o pessoal é político. Que através do percurso de um indivíduo podemos compreender trajetos de grupos. Que nossas vidas negras importam.

Desde que estreei como colunista por aqui estou tentando falar delas. De tantas outras. Simplesmente não consigo. Não por incapacidade. Por falta de conteúdo ou "firmeza". Mas pelo racismo. Estrutura que não me pertence, mas afeta meu trabalho. O de todas as pessoas negras do Brasil e do mundo.

Uma advogada negra algemada e arrastada pela polícia no exercício da sua profissão. Estudantes negros da Faculdade de Letras da UFRJ vivenciando mais um caso de racismo acadêmico. Uma ação civil pública em Porto Alegre. Objetivo: barrar o termo de compromisso assinado pelo Ministério Público que prevê a oferta gratuita de anticoncepcionais reprovados pelos SUS para meninas em situação de abrigo.

Todos esses fatos adiaram meus planos de escrever sobre o encontro mágico com a estudante Verônica Reis. De narrar a beleza de ver universitárias escolhendo Silvana Margarete, uma trabalhadora terceirizada como sua referência de intelectualidade negra na sala de aula da UFRJ. De celebrar o fato de como acadêmica e intelectual pública estrelar a capa da revista *Empodere*, um lindo e indispensável projeto colaborativo entre mulheres.

Tornei-me o que eu mais temia: uma colunista negra que só fala de racismo. Em diálogo com meus medos, estilhaço a máscara do silêncio, contando histórias que nunca foram contadas.

Publicado no *Nexo Jornal*
em 17 de setembro de 2018.

Com que fantasia eu vou?

07/02/2016 – Domingo de Carnaval. A expectativa da abertura do desfile das escolas do grupo especial coexistia com o transcorrer de aproximadamente cem blocos que flanavam pela cidade desde 9 da matina. Lá em casa, o espírito de equipe falou mais alto. Integrei-me ao público do Cordão do Boitatá, com marido e filho. Nos primeiros quinze minutos de andança na Praça XV, avistei um homem fantasiado de cego. Uma mulher vestida de empregada doméstica. Dava voz à criatividade das desigualdades, com direito a espanador e avental. Fechando o trio, esbarrei com outro homem que ostentava as vestimentas de preto-velho. Branco como os demais, este último caprichou no *blackface,* no *blackbody* e em tudo a que tinha direito, incluindo abordagens não consentidas oferecendo consultas a mulheres que passavam. Os três personagens ganharam reforços com a inestimável criatividade da família que escolheu homenagear seu filho, um menino negro, com a fantasia de macaco (tudo bem, era o macaco Abu da Disney!). Situação alvo de fortes críticas como a de Mariana Emiliano. Esse hábito de se fantasiar no carnaval reproduzindo representações racistas (sempre de um "outro") com a intenção de fazer rir "é coisa da antiga", cantaria Pixinguinha. Já no século XIX, Martha Abreu conta sobre diabinhos e Pais João que faziam gargalhar foliões em cordões, ranchos e bailes. Deixei o Cordão do Boitatá perguntando-me: quais as fronteiras entre opressão e brincadeira? Como defini-las?

As perguntas, embora novas, foram formuladas em diálogo com Gabriela Monteiro.[29] Menos do que presidir

---

[29] Gabriela Monteiro. *Pequeno Guia Negro e feminista para não fazer feio no carnaval.* Blogueiras Negras, 02 de fevereiro de 2016. Disponível em: http://blogueirasnegras.org/author/gabriela--monteiro/

julgamentos individuais ou, nas palavras da autora, tornar-me "consultora política da folia", desejo conversar sobre os diferentes sentidos que uma fantasia pode assumir. Para quem usa. Para quem vê. Esses sentimentos relacionam-se com a história do país, de seus sujeitos. Eles dizem respeito a processos de afirmação, preterimento ou opressão que carregamos. A depender dos corpos fantasiados, tais histórias falam de nós. Por nós. Ou sobre nós.

Se o pessoal é político, torna-se pertinente questionar o universalismo presente na ideia do "direito de escolha". Para não fazer feio um caminho é se indagar sobre motivações para seleção de um traje carnavalesco. Por que se fantasiar de trabalhadora doméstica em um país que apenas em 2013 regulamentou a profissão? Em que medida, o "direito de escolha" de incorporar a empregada compactua com estereótipos de hipersexualização, particularmente das mulheres negras, nacionalmente mais de 50% dessa categoria? O que pensar na manutenção de blocos como o Domésticas de Luxo? Folia exclusiva para homens brancos, que promovem um espetáculo de racismo e machismo nas ruas de Juiz de Fora?

No caso da família Aladin: como enfrentar a realidade, mediada por confetes e serpentinas, de uma criança negra vestida de macaco devido ao "direito de escolha" de seus pais? Que relações esta fantasia "carinhosa" guarda com a cultura da "justiça com as próprias mãos", ilustrada por recorrentes linchamentos de jovens negros em bairros de classe alta? Com medidas governamentais como a diminuição expressiva dos ônibus que ligam a zona norte à parte sul da cidade? Ou com operações policias proibindo adolescentes negros e pobres de seguirem viagem até a orla carioca? Quanto ao traje de preto-velho: como pensá-lo frente às perseguições, agressões físicas e verbais de praticantes das religiões de matrizes afro-brasileiras, incluindo crianças apedrejadas e proibidas de frequentar escolas? Embora compartilhe da opinião da historiadora Erika Arantes sobre a diminuição do número de "negas malucas" nos blocos cariocas este ano, os exemplos acima permanecem evidenciando racismos, machismos e assédios construídos historicamente e que são naturalizados como "brincadeiras" de carnaval.

Sabe-se, no entanto, que, desde as primeiras décadas do século XX, o Carnaval também foi marcado por contestações políticas em clima de sátira e pilhéria. A expressão *elefante branco* foi criada e encenada nos festejos de momo de 1910 em referência à compra pelo governo brasileiro do navio Minas Gerais, o encouraçado de uma tonelada que nunca foi à guerra pela Marinha de Guerra, como mostrou em suas pesquisas o historiador João Roberto Martins Filho. A criação de cordões carnavalescos como O Macaco É O Outro por homens e mulheres negros revelam o papel de descendentes de escravos na subversão de estigmas e estereótipos que lhes eram atribuídos, de acordo com pesquisas de Eric Brasil.

Lembrando-me desses exemplos, senti que, em 2016, a conversa sobre usos políticos das fantasias tornou-se mais forte. No lendário ensaio técnico do Salgueiro, Cris Alves e Vivi Araújo causaram atravessando o sambódromo fantasiadas das pomba-giras Maria Navalha e Maria Padilha. A repercussão foi enorme, gerando debates sobre gênero, raça e racismo entre feministas negras como Djamila Ribeiro, Stephanie Ribeiro e eu própria. No dia seguinte ao desfile da comunidade salgueirense, a funkeira Ludmilla, musa da escola, sofreu manifestações explícitas de racismo por usar uma peruca *black power*, comparada à palha de aço Bombril por Val Marchiori na Rede TV. Cidinha da Silva analisou com categoria o incômodo da socialite como parte da peleja estereótipos raciais x empoderamento negro.

Existem sentidos em disputa na escolha, criação e uso de uma fantasia. As representações de Fridas Kahlo, Ganeshas, Dandaras, Panteras Negras, Pomba-giras como lembrou a psicóloga Amana Mattos, coordenadora do Núcleo de Pesquisa e Desconstrução de Gêneros, merecem atenção. Tais personagens, vistas em quantidades expressivas em blocos, são encarnadas por mulheres que lançam mão do "direito de escolha" para afirmar e conferir visibilidade às lutas pela igualdade de gênero e raça ao longo da história. Nesses casos, os sentidos em disputa trazem instigantes questões sobre feminismo, raça e empoderamento.

O que dizer das discussões de Joice Berth acerca das relações entre o arquétipo das pombagiras e as lutas feministas? Quais os sentidos históricos de fantasias como a da Squel? A porta-bandeira da verde e rosa encantou a avenida com o belo bailado e seu inesquecível sorriso. A impecável maquiagem, inspirada nas pinturas das iaôs (filhas de santo iniciadas), divide opiniões sobre o direito de publicizar referências sagradas. Nos dizeres da socióloga Elizabeth Viana, trata-se de "outros tempos". Tempos nos quais símbolos impensáveis de serem levados para fora do terreiro tornam-se públicos. "Outros tempos" que fazem pensar nas fronteiras entre sagrado e profano. Direito e respeito. Afirmação e apropriação cultural.

No mote dos sentidos em disputa, a fantasia "do que não se quer ser" garantiu espaço na folia, conferindo visibilidade às lutas políticas protagonizadas cotidianamente. No jocoso faz de conta, algumas personagens tornaram-se marcantes:

Lolo Figueroa, de Luana Teofilo. Luana descreveu assim sua socialite-paneleira e usuária do pau de *selfie*: "Lolo não é racista, mas acha que lugar de moreninho não é na universidade ao seu lado, pois cada um deve ficar no seu devido lugar. As flores no cabelo mostram um certo clima *hippie chic*, afinal ela quer paz e amor com o apoio do aparelho policial do Estado para defender seu patrimônio e os seus."

Patricinha Gratidão, de Caroline Cavassa, feminista interseccional caracterizada com uma indefectível *white face*, que deixava os foliões em dúvida sobre sua origem racial, a patricinha distribuiu bambolês na Praça XV para pessoas brancas, professando o bordão "Namastê, estou fantasiada de você". No dia seguinte, desdobramentos na versão "Paquita Gratidão" eram ostentadas no Bloco Comuna que Pariu.

Mulata do Gois #sqn/E por acaso eu sou fantasia?, de Giovana Xavier. Concebida para o Bloco Comuna que Pariu, que trouxe o enredo "Na raça, contra o racismo", a fantasia representou uma resposta ao devaneio de Ancelmo Gois de escolher Grazi Massafera como a mulata da coluna. No país da "democracia racial", a eleição de uma mulata branca para chamar de "sua" revela intersecções de gênero, racismo e machismo que nenhum laço cor-de-rosa poderia dar conta.

Vale dizer que as fantasias escolhidas são de autoria de mulheres negras que botaram o bloco na rua. Para desespero de Lolo Figueroa que não para de pensar "o Brasil está realmente mudando."

Publicado no *blog Conversa de Historiadoras*
em 07 de fevereiro de 2016.

Que tal falar do que não sei?

Uma das minhas frases favoritas de Lima Barreto é "Ah! Ou a Literatura me mata ou me dá o que eu peço dela". Pensando em tantas histórias como Azoilda Loretto da Trindade, Eduardo de Oliveira e Oliveira, Luiza Bairros, intelectuais negros que tiveram suas vidas interrompidas por contingências também relacionadas ao racismo acadêmico, é uma explosão de sentimentos lidar com um indiscutível fato. Aos 38 anos, "eu consegui chegar" – por meio dos investimentos de familiares, de profissionais que acreditaram em mim e por meu próprio trabalho – ao lugar onde sempre desejei estar: no topo. Enquanto houver base, vislumbrar o topo como um lugar para chamar de nosso representa uma ação afirmativa e não um rompante da "neguinha atrevida", tão bem desenhada por Lélia Gonzalez.

A cada refeição preterida, noite virada, lazer abandonado, sempre lembro de Lima: "Ou a academia me mata ou me dá o que eu peço dela." Infelizmente, falamos pouco do *backstage* da vida universitária porque, na lógica conservadora, publicizar a ciência e as formas pelas quais seus discursos se produzem é enfraquecer a eficácia.

Em contraponto, desejo que as histórias de bastidores a seguir, articuladas neste lugar de uma colunista que assina "na primeira pessoa", contribuam para refletir que combater desigualdades raciais e de gênero tem a ver com a construção de projetos de democracia para toda sociedade brasileira. Escrever, falar e pensar sobre tudo isso me dá muito medo. O medo típico de quem ocupa lugares não pensados para si própria, ainda que eu seja integrante de um grupo que representa a maioria da população brasileira.

***

Nos dias anteriores ao Carnaval, recebi pelo menos 50 mensagens de mulheres de diferentes faixas etárias que ao conhecerem minha história tiveram reacendido o desejo de voltar a estudar. Elas estão procurando formas de "superarem seus medos". Há três dias, na balada, uma universitária me pediu um abraço. Enquanto o fazíamos, ela me disse que agora tinha certeza de que também "poderia ser doutora". Em outra festa, uma estudante da UFRJ explicou que não tinha sido minha aluna, mas me conhecia. Queria contar que no fim do ano concluiria sua graduação em medicina. Há pouco mais de dois meses, esta jovem, chamada Larissa Jatobá, divulgou imagens da formatura, na qual pousava de beca ao lado de toda família. Em vez de "medo", seus parentes sentiram orgulho de cruzar as portas da universidade pública, transformando o diploma individual em patrimônio coletivo. Na semana passada, no intervalo da gravação de um programa de TV no qual debatíamos feminismos e literatura, uma das participantes me perguntou como era ser mãe. Durante o almoço, ela compartilhou dúvidas e "medos" relacionados a assumir esse papel.

Acostumada a cotidianamente responder a questões espinhosas, essas cenas somadas à última pergunta, vinda de uma jovem com carreira promissora, me fez pensar, de forma mais sistematizada, o quanto, poucas vezes na vida, conversei com alguém sobre meus próprios medos. O fato é que naquele exato momento em que era indagada e em todas as outras situações – vividas "na primeira pessoa" – senti muito medo. Medo de responder a partir dos temores que sinto, que a cada dia aumentam de tamanho. Medo de decepcionar. Medo de me frustrar. Medo de não dar conta. Medo de Medo de Medo de

Pode parecer inusitado, para alguns, um tiro no pé, que alguém – especialmente em se tratando de uma mulher negra – escolha justamente pautar o medo em seu texto de estreia.

"Estranho" porque não estamos acostumadas a expor limites quando ocupamos espaços de poder no Brasil do feminicídio, da transfobia, da violência doméstica, do superencarceramento. Mas as histórias contadas aqui me fazem acreditar que narrar nossos medos, quando todo tempo somos convocadas a ser "guerreiras" e "fortes", é necessário. Trata-se de um direito humano que permite que a gente se reinvente. Que façamos novas perguntas para antigos problemas, através da palavra escrita.

Diante de um espelho que reflete uma professora universitária de 38 anos, reconhecida pela identidade de @ pretadotora e que contribui para influenciar pessoas por meio de projetos baseados na educação e na liberdade, agradeço por acompanharem meu trabalho. Esse reconhecimento também me fez chegar até aqui. Deixo também as boas-vindas e minhas melhores energias para que esta coluna constitua-se em um espaço no qual possamos conversar sobre tudo o que der na telha. Especialmente se for sobre o que muitas vezes sentimos, e não sabemos. Obrigada e até já!

Publicado no *Nexo Jornal*
em 06 de março de 2018.

Somos o efeito colateral que o seu sistema fez

Ainda inspirada pelas celebrações de maio, o "mês das flores", como dizia Lima Barreto, volto a uma pergunta que marcou os quatro dias de debates do controverso II Seminário Internacional Histórias do Pós-abolição no Mundo Atlântico, realizado na Fundação Getúlio Vargas, no Rio de Janeiro: quando começa e quando termina o pós-abolição no Brasil?

A leitura do livro *Além da escravidão: investigações sobre raça, trabalho e cidadania em sociedades pós-emancipação* ajuda a responder. Na obra, os historiadores Rebecca Scott, Frederick Cooper e Thomas Holt ressaltam a dificuldade de determinar balizas temporais fixas para o começo e o término do pós-abolição em sociedades escravistas como o Brasil. Através da ideia de que o oposto de escravidão não é necessariamente a liberdade, os autores convidam-nos a um desafio: "tirar o foco daquilo que terminou com a abolição dos escravos para lançá-lo sobre o que com ela começou". Episódios contemporâneos ligados à disputa de narrativas evidenciam a relevância do conceito "pós-abolição no tempo presente" para interpretar as relações entre ciência, saber e poder dentro e fora da academia.

Uma semana depois que a assinatura da Lei Áurea completou 130 anos, recebemos a notícia que o álbum "Sobrevivendo ao Inferno" (1997), do grupo Racionais MCs, integrará a lista de obras obrigatórias do vestibular da Unicamp, em 2020. Dias depois, Djamila Ribeiro agradeceu em suas redes sociais a venda de mais de 15 mil exemplares de três títulos da coleção Feminismos Plurais: *O que é lugar de fala?*, assinado por ela, *O que é empoderamento?*, da arquiteta Joice Berth, e *O que é encarceramento em massa?*, da pesquisadora Juliana Borges. A filósofa também aproveitou a oportunidade para anunciar o Selo Sueli Carneiro. Projeto editorial em parceria com o Grupo Letramento, que, inspirado pela produção da grande Sueli Carneiro, dedica-se a publicar o pensamento de autoras negras.

Na academia, Gessiane Peres presenteou-nos com brilhante narrativa. Doutoranda em Educação da UFRJ, a quilombola escreveu sobre os impactos que sua ida à Universidade de Harvard representou para si, familiares e comunidade religiosa:

> Somos nós quem devemos realizar a mudança e a justiça que tanto esperamos. Nós precisamos transformar o nosso cativeiro em alegria. Nós temos valor! Nossa história tem valor. O meu trabalho de pesquisa e tudo o que eu faço é para honrar a nossa história. Não sou apenas eu que vou para uma das melhores universidades do mundo, mas uma de nós! Eu sou parte de vocês, de uma história que ainda não acabou e Harvard quer ouvir a nossa história.

Já no mundo da música, o premiado *rapper* Rincón Sapiência causou, com sua releitura do dia da abolição. Narrada no eletrizante clipe da música "Crime bárbaro":

> Boatos correm, eu também/Me sinto como um herói e isso me faz bem/Escravos me colocam como um rei/Porque o senhor de engenho fui eu que matei.

A emergência dessas e de outras narrativas revelam que os tempos são outros. Em 1964, Florestan Fernandes concluiu em *A integração do negro na sociedade de classes* que pessoas descendentes de escravizados estavam "despreparadas para a liberdade". Hoje, vivenciadas transformações mínimas e ao mesmo tempo radicais, atestamos que a elite conservadora encontra-se sob o "efeito colateral" de ter de abrir mão da "outridade". Um conceito de Ochy Curiel[30] para analisar a objetificação de grupos subalternos na produção de conhecimento científico.

A contraofensiva a essa transformação do objeto em sujeito, com visões de mundo e interpretações próprias sobre sua realidade, é executada, sem muita etiqueta. Ao estilo "onda negra, medo branco", título do livro da historiadora Célia Marinho Azevedo. Isso pode ser atestado na lamentável reprovação de Matheus Gato de Jesus em concurso público para docente do Departamento de Sociologia da Universidade Federal do Rio de Janeiro. Embora o edital do certame previsse a aplicação do sistema de cotas para negros, o candidato, que realiza pós-doutorado na Universidade de Harvard, foi eliminado, sem argumentos convincentes. Aplicado na maior parte dos pleitos dessa natureza, o princípio do "conflito de interesses" foi ignorado. De modo que, entre os três aprovados, todos brancos, constam profissionais que possuíam relações acadêmicas de mestrado e doutorado com membros da banca.

Bastante corriqueiro, outro exemplo encontra-se na sub-representatividade de historiadores negros no V Seminário Internacional Mundos do Trabalho. A programação, prevista para setembro de 2018, indica que, a despeito dos questionamentos internos, das 18 vagas reservadas para convidados de mesas-redondas e conferências, apenas três foram destinadas a doutores negros (mulheres). Silencia-se, assim, a relevância das pesquisas desse segmento, que são referência e suporte para a existência do próprio grupo que assina a organização do evento.

---

30 G Ochy Curiel. "El régimen heterosexual y la nación. Aportes del lesbianismo feminista a la Antropología". Disponível em: https://www.scribd.com/doc/253530888/Karina- Bidaseca- -y-Vanesa-Vazquez-Laba-Comps-Feminismos-y-Poscolonialidad- Desolonizando-El-feminismo- -Desde-y-en-America-Latina. Acesso em 30/01/2018.

No ano em que comemoramos três décadas da promulgação da Constituição, estas narrativas atestam o desenrolar de uma história do pós-abolição no tempo presente. Um processo de longa duração, marcado pelo protagonismo de sujeitos que "sabotaram o raciocínio" das elites conservadoras, reescrevendo suas próprias histórias. Mais do que nunca, está difícil esconder o X da resposta certa: "Somos o efeito colateral que o seu sistema fez."

Publicado no Nexo Jornal
em 28 de maio de 2019.

Malê Editora e Produtora Cultural Ltda.
www.editoramale.com
contato@editoramale.com.br

Esta obra foi composta em Arno Pro Light (miolo), impressa na gráfica PSI, sobre o papel Lux Cream 90g, para a Editora Malê, em São Paulo, em junho de 2019.

O ensaio fotográfico que resultou na capa deste livro contou com o trabalho de intelectuais negras de diferentes áreas.

Até chegarmos à versão final, foram muitas conversas e pesquisas sobre penteados, maquiagens, figurinos, poses, luzes, cores de fundo, elementos e concepções gráficas. Entrelaçando os fios de nossa linda rede, evidenciamos, através da cultura visual, o poder de contarmos nossas histórias na primeira pessoa.

Considerando a importância da nomeação, é com muito amor, respeito e orgulho que agradeço à fotógrafa Amanda Neri, à maquiadora Bruna Teodoro, à designer gráfica Maria Julia Ferreira, à terapeuta capilar Marília Gabriela de Souza, à estilista Tenka Dara, à amiga Ana Paula Viana, ao fotógrafo Antonio Terra e à Editora Malê por acreditarem na escrita de novas histórias.

No Brasil protagonizado por trabalhadoras negras, o sorriso é direito humano do qual não devemos abrir mão.

Obrigada.

Axé!